안타까운 영어

Heartbreaking English
안타까운 영어

2008년 3월 5일 초판 1쇄 인쇄
2008년 3월 15일 초판 1쇄 발행

지은이 사비연
펴낸이 김성구

편집장 홍승범
책임편집 표세현
디자인 여종욱
마케팅 이택수 최윤호 손기주 송영호
제작 신태섭
관리 김현영

펴낸 곳 (주)샘터사
등록 2001년 10월 15일 제1-2923호
주소 서울시 종로구 동숭동 1-115 (110-809)
전화 763-8961~6(출판사업부) 742-4929(영업마케팅부)
팩스 3672-1873 **홈페이지** www.isamtoh.com **이메일** book@isamtoh.com

ⓒ 사비연 2008, Printed in Korea.

이 책은 저작권법에 따라 보호를 받는 저작물이므로 무단 전재와 무단 복제를 금지하며,
이 책의 내용의 전부 또는 일부를 이용하려면 반드시 저작권자와 (주)샘터사의 서면 동의를 받아야 합니다.

ISBN 978-89-464-1714-4 03740

이 도서의 국립중앙도서관 출판시도서목록(CIP)은
e-CIP 홈페이지(http://www.nl.go.kr/cip.php)에서 이용하실 수 있습니다(CIP제어번호: CIP2008000735).

안타까운 영어

Heartbreaking English

사비연 지음

샘터

차례

머리말 _08

영어는 가슴에서 꺼내라

- **chopstick** | 찍어 먹는 막대기? _16
- **makeup** | 얼굴 끌어올리기 _19
- **care** | 사랑은 아끼고 돌보고 배려하는 것 _23
- **onion** | 한·미·일 삼국의 양파는 다르다? _25
- **hit · strike · beat** | 맞히고 치고 두들기기 _26
- **dump** | 누가 누굴 찼다고? _28
- **of course!** | 그 길로 쭉 가면 돼 _30
- **cell phone** | 세포 전화? _34
- 절대 반지만 **ring**이 아니다 _36
- **pop** | 뽀빠이의 눈은 왜 튀어나올까? _37

Sensible English Tag 01 _40

영문법에 태클 걸기

- 힘센 be동사 _48
- 눈치 보는 일반 동사 _51
- 영어는 위치 언어다 _56
- 명사 없이 못 사는 형용사 _58
- 형용사를 짝사랑하는 부사 _60
- often, usually, always _65
- 너는 내 꺼 a, my, the _70

Sensible English Tag 02 _74

chapter 3 똑같은 말은 없다

- seldom과 rarely의 차이 _78
- 두 소방관의 싸움 _89
- every와 all _92

Sensible English Tag 03 _96

chapter 4 직역부터 잘하셔!

- language gap을 느껴라 _102
- 찰칵! There is _104
- 같은 듯 다른 it _110
  - it의 기본 • 비인칭 주어 it • 허수아비 it
- 영어에는 공손한 말이 있다? 없다? _117
- 친절한 가정법 _122
- 난 죽지 않아 I'm not gonna die like this _132

Sensible English Tag 04 _136

chapter 5 — to 집어먹기

- to로 영어 수다쟁이 되기 _140
- to부정사에 동사 원형을 쓰는 이유 _147
- 외워서 더 못 쓰는 too ~ to _152
- to를 알게 해준 have to _155
- '쌤'과 got to _157
- seeing과 to see 견줘 보기 _162
- how to, what to _167
- not to _168
- kicking과 to kick 맞짱 뜨기 _172
- prefer to _176

Sensible English Tag 05 _182

chapter 6 — 기본에서 한 걸음 더

- 현재진행형 -ing _186
  - 야해서 현재진행형으로 못 쓴다?
- 지각동사 feel, taste, smell _196
- 사역동사, 오락가락(come&go) 동사 _201
  - Let me be your man • 오락가락 동사
- 의문사 what, when, how _204
- 한국인을 안타깝게 하는 수동태 _208

Sensible English Tag 06 _222

Contents

Chapter 7

이것만 알면 ✓ 영어의 고수로 임명하노라

- **귀신도 모르는 거시기 that** _226
  - 거시기 that – 지시대명사와 지시형용사
  - 거시기 that – 관계대명사
  - 거시기 that – 접속사

- **깐깐한 과거분사** _236
  - 과거분사의 기본 • 과거분사의 활용

- **자동사, 타동사? 풋!** _247

- **Sensible English Tag 07** _262

- 저자 후기 _264

I can do it because it's me.

머리말

내가 본격적으로 영어를 공부해야겠다고 마음먹은 것은 군대를 제대하고 1년여 뒤인 대학교 2학년 여름방학 전후였다.

도서관에서 마주친 대부분의 학생들이 TOEIC이나 TOEFL 같이 두꺼운 책을 가지고 공부할 때 나는 내가 중학교 3학년 때 보던 너덜거리는 영어 책을 옆구리에 몇 달 동안 끼고 다녔다. 우연히 첫 직장도 중학교 3학년을 중점적으로 가르치는 학원 영어 강사였다.

이제껏 살아오면서 풍파가 적지 않은 인생이었지만 영어와의 인연은 시작부터 운이 좋은 편이었다. 우선 너덜거리는 중학교 3학년 영어 책을 몇 번 보고 난 후 등록한 학원에서 내가 평생 은사라고 생각하는 훌륭한 학자적 소양을 지닌 김송자 선생님을 만나 3개월여 동안 영어의 기초와 감각을 배울 수 있었고, 그것을 바탕으로 본격적으로 영어를 시작할 수 있었다.

그로부터 얼마 되지 않아 내가 다니던 대학에 교수로 새로 온 미국인 Trace James Manuel과 쉽게 친해져 늘 같이 붙어 다니게 되면서 자연스럽게 회화를 하게 됐다.

　책 제목 그대로 나는 마치 언어를 수학 공식처럼 대입하고 끊임없이 외울 것을 강요하는 영어 교육이 안타깝다. 외국어 교육은 초보자들에게는 우선적으로 흥미와 동기를 부여하고 기초적인 것이나마 듣고 말을 할 수 있게 하는 데 초점을 맞추어야 한다. 그런데 10여 년 만에 다시 학원 강사로 돌아와 보니 변함없이 아니, 더더욱 시험 위주의 문제풀이와 암기 위주 교육이 더욱 강화되어 있었다. 일부 초등학생들까지 특목고다, 민족사관 고등학교다 해서 TOEFL을 공부한다니 기가 막히고 안타깝기만 하다.

　러시아 연해주에 있는 우수리스크 사범대학에서 한국어를 1년간 가르칠 때 대학교 1학년 학생들이 영어 수업하는 모습을 보고 깜짝 놀란 적이 있다. 우리나라 초등학교나, 많이 봐줘야 중학교 1학년 정도나 배우는 아주 기초적인 회화 연습을 하고 있었다. 한 학생이 문을 두드리는 시늉을 하며 입으로 "Knock! Knock!" 소리를 내고 상대 학생은 "Who is there?"라고 대답하는, 아주

기초적인 수업을 하고 있던 것이다. 그러나 고학년으로 갈수록 그들의 회화 실력은 놀라울 정도로 늘었다. 이는 기초를 확실히 다졌기 때문이다.

하도 러시아 학생들이 한국인의 영어 실력을 우습게 아는 경향이 강해서 내 실력을 보여 줄 기회가 있을 때마다 나는 지나칠 정도로 객기를 부렸다. 그 정도로 나는 한국인이기에 영어를 못한다는 말을 들으면 참을 수가 없었다.

그건 도쿄에서 일본어 학교를 다닐 때도 마찬가지였다. 중급 수준에도 채 못 미치는 영어를 구사하던 동남아 애들이 대학을 나온 우리나라 학생들의 영어 실력을 무시하고 심지어 가지고 노는 것을 보고 한국 학생들에게 화를 낸 적도 여러 번 있었다. 물론, 내 성격상 한국 학생들을 무시한 만큼 나 역시 그들의 영어 실력을 짓밟아 주었다.

세계에서도 손꼽힐 정도로 영어 공부 량이 많다는 한국 학생들이 왜 동남아인들에게조차 바보 멍텅구리로 취급당하는 것일까?

이 책을 다 읽고 나신 분이라면 그 이유를 깨닫거나 느끼실 거라 믿는다.

이 책의 목적은 모국어인 우리말과 영어 사이의 공통점과 차이점을 확실히 보여 줌으로써 문법은 물론 궁극적으로 회화를 하는 데 뼈대가 되는 감각을 익히게 하는 것이다.

독자들께 간곡히 당부 드리고 싶은 것은 소설을 읽듯 처음에는 가볍게, 그러나 읽는 횟수가 많아질수록 꼼꼼하게 읽어 달라는 것이다. 또 영어로 말할 기회가 있으면 실패와 실수를 두려워하지 말라는 것이다.

나도 무진장 실수하고 실패를 맛보면서 영어

를 배웠고 지금도 그러하다. 하지만 우리가 우리말을 사용할 때도 실수할 때가 있듯 원어민들 또한 마찬가지 아니겠는가?

그리고 한 가지 더. 자신의 특성에 맞는 공부법을 조금씩 개발해 나가라는 것이다. 사람들은 보통 귀가 먼저 트이고 입이 나중에 트이는데 비해 나는 좀 특이하게 입이 먼저 트였다. 캐나다에서 개인 교습 tutoring을 받을 때 나를 가르치던 두 캐나다인 모두 처음 만난 자리에서 내게 말하는 만큼 듣기 hearing가 되느냐고 물을 정도였다. 나는 나 스스로 말하는 것을 좋아한다는 것을 알고 있기에 이를 적극 활용하였던 것이다.

우리말이고 영어고 간에 지적 능력이 모자라도 이해하고 말할 수 있는 것이 언어이다. 어떠한 언어가 되었든 인간이라면 누구나 하면 되는 것이다. 다만 외국어는 자라는 동안 자연스럽게 익힌 모국어 습성과는 사뭇 다른 사고 체계를 담고 있기 때문에 이

질감이 적지 않아 쉽게 습득하기가 힘들다. 그래서 그 언어의 체계를 이해하려는 노력이 좀 더 필요하다고 생각한다. 여러분의 인생을 좀 더 넓혀 주고 자유롭게 만들어 줄 영어란 천사가 너무 쉽게 품에 안기면 재미없지 않은가!

영어 원어민들이 내게 영어를 할 수 있느냐고 물으면 나는 언제부터인가 이렇게 대답하게 되었다. **"I just feel your language."** 나는 다만 느낄 뿐이라고.

이 책을 읽는 독자 분들도 영어를 느낄 수 있게 되기를 바란다.

2008년 봄,

chapter 1

영어는 가슴에서 꺼내라

- **chopstick** | 찍어 먹는 막대기?
- **makeup** | 얼굴 끌어올리기
- **care** | 사랑은 아끼고 돌보고 배려하는 것
- **onion** | 한·미·일 삼국의 양파는 다르다?
- **hit·strike·beat** | 맞히고 치고 두들기기
- **dump** | 누가 누굴 찼다고?
- **of course!** | 그 길로 쭉 가면 돼
- **cell phone** | 세포 전화?
- 절대 반지만 **ring**이 아니다
- **pop** | 뽀빠이의 눈은 왜 튀어나올까?

chapter 1

chopstick | 찍어 먹는 막대기?

무조건 외우는 것에 길들여진 사람들은 chopstick을 젓가락이라고 그냥 외웠을 것이다. 하지만 나는 암기력이 부족할 뿐더러 chopstick이 왜 젓가락이라는 뜻이 되었는지가 너무 궁금했다. 그리고 고민 끝에 나름대로 답을 얻어 냈다.

chop을 사전에서 찾아보면 '자르다' '쪼개다' '패다' '찍다' 등으로 나와 있다. 집에서 어머니가 음식을 만들 때나 요리 프로그램 등을 보면 도마 chopping board 위에 파 green onion 등을 올려놓고 다듬을 때 재빨리 팍팍 내려찍는 경우를 볼 수 있다. 칼로 도마를 내려찍는 행동, 바로 그것이 chop

chapter 1 영어는 가슴에서 꺼내라

이다. cut이 가장 일반적인 자름의 의미라면 chop은 내려찍는 행동이 수반된다.

　stick은 명사로는 막대기, 나무토막, 곤봉 등의 뜻으로 쓰이고 동사로는 찌르다, 찔러 넣다, 꿰뚫다, 관통시키다 등의 의미로 쓰인다.

　그렇다면 영어 원어민들은 우리에게는 집어먹는 도구인 젓가락을 왜 chopstick이라고 했을까? 잠시 생각을 그네들 입장으로 바꾸어 보자. 젓가락은 주로 동양권에서 써왔고 그네들은 fork를 우리들의 젓가락과 비슷한 용도로 사용해 왔다. 서로의 문명에 대한 지식도 이해도 부족한 옛날, 그네들이 우리들 밥상을 처음 봤을 때 젓가락을 보고 무엇이라고 생각했을까? 자기들의 포크처럼 동양인들은 젓가락으로 음식을 찍어(chop) 꿰뚫어서(stick) 먹을 것이라고 생각하지 않았을까? 말하자면 chopstick은 문화를 잘못 이해해서 생겨난 말인 것이다. 위에서 stick을 막대기라

고 해석하면 chopstick은 '찍어 꿰뚫어 먹는 막대'라고 번역해도 큰 무리가 없을 것이다. 도마인 chopping board는 물론 음식물을 팍팍 내려치고(chopping) 다지는데 사용하는 널찍한 판자(board)라는 의미로 만든 말일 것이다.

헬리콥터helicopter를 회화에서는 chopper(팍! 팍! 내리찍는 것. 즉, 자르는 물건, 도끼 및 고기 등을 자르는 큰 칼)라고 많이 한다. 내가 초등학교 때 친구들하고 주로 놀던 곳은 동네 산 밑에 있는 여자 고등학교였다. 종종 그 학교 운동장에 헬리콥터가 내려와 앉곤 했다. 아직도 헬리콥터 몸체 위에 있는 그 커다란 프로펠러propeller 소리를 생생히 기억한다. 무언가를 잘라 낼 듯이 챱! 챱! 챱! 챱! 챱! 하는 이 소리가 chop의 발음으로 들렸다면 독자분들이 너무 비약했거나 과장했다고 하려나. 아무튼 무언가 잘라 내는 듯한 소리였음은 분명했다.

chapter 1 영어는 가슴에서 꺼내라

makeup | 얼굴 끌어올리기

영어를 공부하든 않든 간에 우리나라 어지간한 사람들은 makeup을 화장으로 알고 있다. 화장化粧은 한자어로도 꾸민다는 의미이다. 영어와 비슷한 뜻이다. 그런데 왜 makeup이 화장하다라는 뜻일까? 즐기면서 분석해 보자.

make의 기본 의미가 '만들다' 라는 것은 영어를 조금이라도 아는 사람이라면 다 잘 알 것이다. 또한 우리가 분위기가 up 또는 down 되었다고 하는 것처럼 up은 위를(↑), down(↓)은 아래를 지향한다. 그렇다면 분석은 다 끝난 것이다. 자신의 얼굴을 나아 보이게 하기 위해 up 하도록 만드는 것이 바로 makeup인 것이다.

영어는 우리말과 다르게 위치 언어이다. 쓰이는 위치에 따라 명사로 쓰이기도 하고 동사로 쓰이기도 한다. 그래서 많은 단어들이 명사이기도 하면서 동사이기도 한 것이다. 간단한 예로 love를 살펴보자.

'I love you.' 는 love가 동사로 쓰인 경우이다. 주어 I 다음에 love가 위치했기 때문에 '사랑하다' 라는 동사로 쓰였다. 하지만 'You are my love.'라는 문장에서 love는 명사로 쓰였다. 주어 you 다음에 be동사 are가 쓰였기 때문이다. 문장에서 동사는 기본적으로 하나만 나와야 한다. be동사도 나와 있고 소유격 my가 love 앞에 사용되었기 때문에 여기서 love는 '사랑' 이라는 명사이다.

19

자, 이제 다시 make up이 동사로 쓰이는 경우를 살펴보자. make up은 '화장하다'라는 의미 이외에 '화해하다'로도 많이 사용된다. 가령 내가 친구 성지와 며칠 전에 싸웠다면 주변에서 "Why don't you make up with 성지?(성지와 화해하는 게 어때?)"라고 권할 것이다. 그렇다면 왜 make up이 화장과는 전혀 관계가 없어 보이는 '화해하다'라는 뜻으로 쓰였을까?

조금만 생각해 보면 연관이 있음을 알 수 있다. make up은 앞서 이야기 했듯 좋게 만든다는 뜻이다. 화해한다는 것도 따지고 보면 나빠진 관계를 좋게(up) 만드는 것(make)이 아닌가?

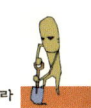

up의 감각을 돕기 위해 한 가지 예를 더 들어 보겠다. 흔히 우리가 '입 닥쳐!'라고 말할 때 영어로는 'Shut your mouth (up).'라고 쓴다. 더 간단히는 'Shut up.'이라고도 많이 쓴다. 'Close your mouth.'로도 쓸 수 있지만 Shut your mouth (up) = Shut up = Close your mouth라고 생각하지 말자. 언어에 똑같은 말은 없다. 똑같다기보다는 비슷한 의미를 가진 말들이 있을 뿐이다. shut은 거친 느낌을 준다. close가 좀 더 점잖고 부드러운 느낌이다.

또한 'Shut up.'은 당연히 'Shut up.'이어야 맞다. 당연한 것이다. <u>우리가 말을 할 때는 위턱은 가만히 있고 아래턱만 오르락내리락 움직여 말하지 않는가?</u> 아래턱을 위로 한껏 붙여 보라! 윗니와 아랫니들이 붙어 떨어지지 않으면 말을 할 수가 없다. 그래서 Shut up은 Shut up일 수밖에 없다. 간단하면서도 이치에 맞는 reasonable 말이다. 또한 'Shut your mouth.(네 입 닫아.)'로 말을 끝내도 되지만 끝에 up을 첨가하면 up(↑)의 방향성 때문에 어감이 좀 더 강해지는 느낌이 들지 않는가?

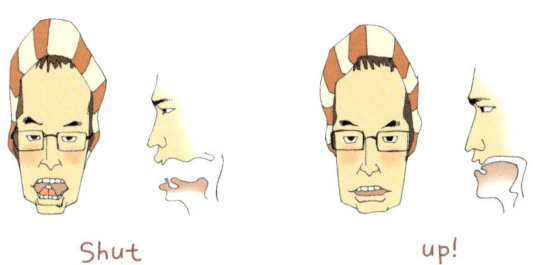

Shut　　　　　　　　　up!

이왕 close를 언급한 김에 close에 대한 단어 암기법도 살펴보자. close는 대부분의 사전에 동사 close와 형용사 close 두 가지로 분류되어 있다. 보시다시피 철자는 똑같지만 발음만 달라져 동사의 경우는 close가 [klouz]로, 형용사의 경우는 [klóus]로 발음한다.

close가 동사로 쓰일 경우에 '닫다'라는 뜻인 데 반해 형용사로 쓰일 때는 '가까운' '밀접한' '친밀한' 정도로 뜻이 달라진다. 대부분의 사람들은 무조건 외운다. 하지만 나같이 암기력이 부족한 사람은 외우는 것을 하나라도 줄이기 위해 가능한 한 둘 사이에 끈을 맺어 이해하려고 한다. 문장 하나를 만들어 살펴보자. 'He is one of my close friends.'라는 문장에서 close는, 앞에 동사 is가 나왔고 명사인 친구들(friends) 앞에 나왔기에 동사가 아닌 형용사로 쓰였다는 것을 알 수 있다.

나는 close가 동사인 '닫다'로 쓰였을 때나 '밀접한'이 되었든 '친밀한'이 되었든 형용사로 사용되었을 때나 의미에 있어서는 충분히 연관성이 있다고 생각한다. 옛날 미닫이문이나 대문을 여닫는 동작을 생각해 보자. 아니면 TV나 일본 영화에서 가끔 나오는 일본 다다미방의 문을 열고 닫는 장면을 그려 보면 쉽게 이해될 것이다. 문을 닫으면(close) 양쪽으로 멀어져 있던 두 문이 점차 가까워져(close) 간다. '⇨ ⇦' 모습을 close의 중심 감각으로 잡으면 될 것이다.

chapter 1 영어는 가슴에서 꺼내라

 **care** | 사랑은 아끼고 돌보고 배려하는 것

중고등학교 다닐 때 암기하기 굉장히 벅찼던 대표적인 단어였다. 뜻이 너무도 많아서 도무지 다 외울 수가 없었다. 영어는 앞서 말했듯 그 위치에 따라 동사도 되고 명사도 되는 위치 언어라 care가 동사, 명사로 쓰이는 것은 당연하다손 치더라도 어떻게 한 단어에 그리 뜻이 많은지 이해할 수가 없었다. 사전에 나온 그 뜻들만 열거해도 너무도 많다. ①걱정하다 ②돌보다 ③간호하다 ④좋아하다 ⑤신경을 쓰다 ⑥상관하다 ⑦관심을 가지다 ⑧배려하다 ⑨원하다 등등 서로 연관성이 없어 보이는 뜻들이 너무도 많다. 나는 이 단어를 접할 때마다 이 많은 뜻을 한 단어로 사용하는 미국 사람들은 모두 천재인가라는 생각을 했었다. 하지만 이 뜻 사이에는 분명히 연관성이 있다는 것을 다시 공부를 시작하고 몇 년이 지나고 나서야 발견할 수 있었다.

가령 내가 사랑하는 여인이 있다고 생각해 보자. 그녀가 아프다면 당연히 ①걱정하고 ②돌보며 ③간호할 것이다. 내가 사랑하는 사람이기에 당연히 ④좋아하고 때로는 그녀가 하는 일에 참견도 하는 등 ⑤신경을 쓰며 ⑥상관하고 ⑦관심을 보일 것이며, 그녀가 나로 인해 불편하지 않도록 아끼며 위해 주고 ⑧배려할 것이고 그녀의 모든 것을 ⑨원할 것이다.

잠시 쉬어 가는 의미에서 딴 이야기를 해보자. 일본어로는 공부工夫를 면강勉强이라고 한다. 내가 1년 3개월여 동안 도쿄에서 공부하면서 참 이

23

치에 맞는 말이라고 생각한 일본어 중 하나가 바로 이 단어다. 힘쓸 면勉에 강할 강強자를 써서 곧 힘써서 강하게 한다는 뜻이다. 일본에도 물론 공부工夫라는 단어는 있지만 뜻이 우리와는 다르다. 일본어로 공부工夫는 무언가를 골똘히 생각하고 궁리하며 연구한다는 뜻으로 쓰인다. 공부를 할 때 절대 필요한 기본적인 마음 자세 중 하나는 바로 '?' 즉, 궁금함wonder과 호기심curiosity이라고 생각한다. 바로 이것이 공부는 물론 모든 학문의 출발점이 아닐까 싶다.

우리나라 교육은 분명, 일본어 공부工夫와 비슷한 뜻을 가진 study보다는 work에 가깝다. 좀 심하게 말한다면 나는 감히 cram에 가깝다고 생각한다. 학교 다닐 때 나는 암기하는 것을 워낙 싫어해서 시험이 가까워져야 어쩔 수 없이 공부하는 이른바 '벼락치기'를 많이 했다. 이것이 바로 cram이요, **벼락치기 하는 것이 바로 cramming인 것이다**. cram은 원래 '밀어 넣다' '채워 넣다' '(음식 등을) 억지로 집어먹다' 라는 의미이다. 허구한 날 공부보다는 억지로 work 혹은 cramming 이나 하는 우리나라 학생들이 너무도 가엽고 불쌍하다.

이 책이 진정한 study를 할 수 있게 하는 작은 씨앗seed이 되었으면 하는 마음 간절하다.

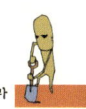

chapter 1 영어는 가슴에서 꺼내라

onion | 한·미·일 삼국의 양파는 다르다?

짧은 실력이지만 기왕 일본어를 언급한 김에 여기서는 영어와 우리말, 일본어 사이의 흥미로운 공통점과 차이점을 소개하겠다.

タマネギ 양파 onion

ネギ 파 green onion

일본어로 양파가 '다마네기'라는 것은 대부분 사람들이 안다. 여기서 '다마'는 보편적으로 둥글다는 의미로 사용되는 말이다. 그래서 일본인들은 농전노 '나마'라고 많이 힌다. '네기'는 파이다. 파는 파인데 그중에 둥근 것을 다마네기, 즉 양파라고 부르는 것이다.

우리말도 일본어와 마찬가지로 '파'가 주가 되는 공통점이 있지만 둥근 모양이 아닌 '큰바다 양洋' 자를 쓴다는 데 그 차이점이 있다. 양파의 원산지는 페르시아Persia나 지중해, 서아시아로 추정된다고는 하지만 확실하게 밝혀진 것은 없는 모양이다. 아무튼 내가 그런 것을 따지는 학자도 아니고 다만 주목하는 것은 바로 '큰바다 양洋' 자이다. 요즘 말로 하면 '**물 건너 왔다**' 정도가 될 것이다. 곧, 일본은 둥근 모양의 파라는 의미에서 다마네기를 생각했다면 우리는 물 건너왔다는 의미에서 양파라는 말을 만든 것이라 본다. 나이 드신 어른들이 서양인들을 배 타고 물 건너왔다는 뜻에서 '양놈'이라고 했던 것도 이에 대한 작은 증거evidence가 될 것이다.

반면 한국, 일본과는 달리 서양에서는 양파가 주가 된다. 같은 양파 종자인데 그중에 더 푸른 파green onion라는 것이다. 이처럼 별 거 아닌 것 같은 단어 하나에도 나라마다의 생각과 발상이 비슷하기도 하고 다르기도 하다는 것이 재미있지 않은가?

hit · strike · beat | 맞히고 치고 두들기기

hit, strike, beat 모두 우리말로는 '치다'나 '때리다'로 번역된다. 하지만 이 세 단어들은 번역상 비슷할 뿐 각기 다른 용도로 사용된다.

hit과 strike의 차이점은 야구를 생각해 보면 쉽게 알 수 있다. 방망이로 야구공을 쳐서 맞추는 것을 hit라고 하

chapter 1 영어는 가슴에서 꺼내라

지 strike라고 하지 않는다. strike는 정해진 일정한 부위에 맞힌다는 의미가 있다. 일정 부분 이외에 들어가는 공은 심판umpire이 strike라고 하지 않고 볼ball이라고 한다. 이에 비해 beat는 좀 살벌brutal하기까지 한 느낌이 든다. 주먹이나 손바닥palm 아니면 막대기 등으로 한두 대 때리고 그치는 것이 아니라 수십 대 이상 많이 때리는 느낌이 든다.

그래서 beat 하면 내 머리 속에는 우선 북drum이 떠오른다. 서양이나 동양이나 북은 치고 두드리는 대표적인 악기이다. 북은 우리나라에서는 '내가 동네북이냐? 왜 다들 나만 가지고 그러냐?'고 말할 정도로 육체적physical인 것뿐만이 아니라 정신적mental인 고통을 겪을 때 쓰는 말이기도 하다. 영어에서의 beat는 많이 쳐대는 느낌이 강하다. 그래서 맥박이나 심장의 고동 소리도 beat라고 한다. 이렇듯 악기나 사람을 막 쳐대는 상황이 기본적인 의미라면 회화에서 beat는 승부에서 지다, 패하다라는 의미로도 자주 사용된다. 내친김에 beat에 관한 예문 몇 개를 들어 보기로 하겠다.

The hawk started to beat the wings.
매가 시작했다, 날개 치는 것을 → 매가 날개 치는 것을 시작했다. → 매가 날갯짓을 시작했다.
(날갯짓을 한두 번만 하고 그치겠는가? 날개를 수없이 beat할 것이다.)

Our baseball team will beat yours.
우리 야구팀이 너희의 것을(너희 팀을) 두들겨 줄 거다. → 우리 팀이 너희 팀을 이길 거다.

My life has been beaten here and there. 내 인생은 이제껏(과거부터 지금까지) 두들겨 맞았다, 여기저기에서. → 내 인생은 이제껏 여기저기에서 (계속) 패배해 왔다.

dump | 누가 누굴 찼다고?

dump를 사전에서 찾아보면 ①떨어트리다 ②(쓰레기 등을) 내버리다 ③헐값으로 팔다, 덤핑하다 정도로 해설이 달려 있는 것을 볼 수 있다. 하지만 나는 감히 말한다. 딱 한 동작만을 떠올린다면 이 단어는 공짜로 먹은 것이라고.

아파트나 건물을 짓는 큰 공사 현장에서 흔히 볼 수 있는 커다란 트럭을 떠올려 보자. 누구나 다 그것을 덤프트럭이라고 부른다. 덤프트럭은 흙을 잔뜩 싣고 와서는 화물칸을 들어 올려 흙을 쏟아 붓는다. 짐칸을 들어 흙을 쏟아 붓는 바로 그 순간이 우리가 dump를 삼킬(?) 타이

밍이다.

한미 간에 자동차나 반도체semi-conductor 덤핑 같은 문제로 뉴스에서 시끄럽게 떠드는 것을 접해 본 적이 있을 것이다. 정당하게 제 값으로 팔지 않고 값싸게 마치 쿵! 하고 덤프트럭에서 쏟아 버리듯 헐값에 파는 것이 dump 하는 것이고, 그 행위가 바로 dumping인 것이다.

 dump가 더 재미있게 쓰이는 때는 다음 경우이다. 우리는 사귀다 헤어졌을 때 '찼다' 라는 표현을 쓰는데, 영어에서는 이 dump를 쓴다.

My steady, 명숙 dumped me yesterday.
어제 (쓰레기나 흙무더기처럼 쓸모없어진 듯) 내 애인 명숙이가 나를 찼어.

여기서 steady는 원래 형용사로 많이 쓰이며 안정된, 견고한, 확실한이라는 기본적 의미가 있다. 안정되고 확실하다면 규칙성이 있을 것이고 규칙적인 만큼 믿을 만할 것이다. 늘 같이 다니고 믿을만한이라는 뜻을 지녀서 그런지 명사로 애인이란 의미로도 잘 쓰인다. 나도 개인적으로 자주 써 먹는 단어이다.

of course! | 그 길로 쭉 가면 돼

왜 of course는 '물론' '두말할 필요 없이 당연히'로 해석되는 걸까? 전치사 of와 course는 무조건 합쳐서 암기해야 하는가? 여기서 잠시 문법을 살펴볼 필요가 있다. 긴장하지 말자. 어려울 것 없다. 그저 전치사 of와 about의 차이점에 대해 살펴보자는 것이다. 우선 course를 살펴본 후 of와 about에 대해 알아보기로 하자.

course는 흘러가는 일정한 방향, 진로, 과정이라는 뜻을 지녔다. 쉽게 마라톤marathon 코스를 생각해 보자. 42.195킬로미터의 정해진 거리를 뛰는데 정해진 길은 오직 하나이다. 즉 끝이 정해져 있는 일정한 길이며 반드시 뛰어서 지나야 할 과정이다. 정해진 길로만 가야지 다른 길로 간다면 이는 실격disqualification이 된다. 마찬가지로 요즘 중국집에서 파는 course 요리를 보자. 이를테면 A코스에 '탕수육 + 짜장 2 + 군만두'가 12,000원이라고 해보자. A코스 12,000원은 그 중국집 나름대로 영업상 정해 놓은 규칙이다. 손님이 이 코스를 선택하면 중국집이 정한 코스에 금전적으로 동의하는 것이 되어 거래가 성사된다. 그리고 손님은 중국집으로부터 당연히 '탕수육 + 짜장 2 + 군만두'를 공급받게 된다.

결국 course를 요약하자면 '정해진 길이나 방향' 즉 '당연히 가야 하거나 나아갈 방향'이 될 것이다. 그런데 여기에서 문제점은 왜 하필이면 of가 붙어 of course가 '두말하면 잔소리'라는 의미로까지 쓰이냐는 것이

chapter 1 영어는 가슴에서 꺼내라

다. of를 잡기 위해 이와 비교하기 좋은 about을 함께 살펴보면서 좀 더 확실히 알아보기로 하겠다.

I think of you. 나는 너를(너 자체를) 생각한다.

I think about you. 나는 너에 대한(너의 부분, 일부만) 생각을 한다.

위 두 문장의 차이점에 대해 물어보면 학생들은 물론 일부 영어 선생님들조차 명확히 대답을 하지 못하는 것을 여러 차례 봤다. 90퍼센트 이상의 대답은 of를 쓰면 너를 생각하는 것이고 about을 쓰면 너에 대해서 생각하는 것 아니냐는 것이었다. 너를 생각하는 것과 너에 대해 생각하는 것이 어떻게 다른지 물으면 거기서 끝! 그 누구도 속 시원히 말을 못 했다!

우리말로는 비슷하게 번역될지 모르겠지만 of를 쓰느냐 about을 쓰느냐에 따라 받아들이는 상대방은 다른 의미로 받아들이고 의외의 반응을 보일 수가 있다. 첫 번째 of를 쓴 문장의 경우는 너 자체를 생각한 것이다. 비유하자면 사과 하나를 통째로 생각한 것이다. 두 번째 about을 쓴 문장은 한 면을 생각했다는 것이다. 너에 대한 생각을 하긴 하되 100퍼센트가 아닌 1, 20퍼센트, 많아 봐야 4, 50퍼센트를 넘지 못한다. 사과로 비유하자면 크든 작든 하나의 조각에 불과한 것이다.

어릴 때 학교에서 소풍을 갈 때마다 엄마는 내 가방에 사과를 넣어 주곤 했다. 나는 신sour 사과를 좋아해서 사과가 시지 않고 달면 이로 겉만 두어 번 갉아먹고 던져 버리기도 했다. 여하튼 사과를 조각 내어 먹었든 껍질rind만을 먹었든 전체가 아닌 부분인 것이다. 이러한 부분적인 것이 바로 about의 기본 감각이다.

of

about

예문을 하나 더 살펴보고 이 둘을 확실하게 삼키자.

A book about some owls.

A book of some owls.

chapter 1 영어는 가슴에서 꺼내라

첫 번째 문장은 올빼미에 관한 책이 된다. 앞서 살펴보았듯 about은 기본적으로 전체가 아닌, 부분을 의미한다. 따라서 이 문장은 올빼미에 대한 우화fable나 설화tale 정도의 책이다. 하지만 of를 쓴 다음 문장은 올빼미 자체에 대한 모든 것을 담은 책이라고 볼 수 있다. 곧 올빼미의 성향, 먹이 관계, 수명, 분포 지역, 해부학적 특질, 신체 구조 등등 보다 과학적이고 체계적인 올빼미에 관한 연구서일 가능성이 높다.

이제 of course가 왜 of course일 수밖에 없는지 그 이유를 알 것이다. 정리하자면 of course는 그 course로 가면 틀림없이 42.195킬로미터를 뛰어야 하고 중국집에서 12,000원짜리 course를 시키면 '탕수육 + 짜장 2 + 군만두'가 틀림없이, 두말하면 잔소리로 확실하게 나온다는 것이다. 그래서 of course는 '당연하지' 이외에도 상황에 따라서는 '당연한 것 물어보는 네가 바보이지.'라는 의미로도 쓰인다.

cell phone | 세포 전화?

휴대전화를 왜 hand phone이 아닌 cell phone이라고 할까? phone은 전화라는 뜻이니 쓰는 것이 당연하지만 언뜻 cell을 쓰는 것은 이해가 가지 않는다. 하지만 나는 그 이유를 알고 나서 참 합리적인 단어라고 고개를 끄떡였다.

cell을 쓰든지 형용사인 cellular를 써서 cellular phone이라고 하든지 그것은 개개인의 선택이지만 나는 간단한 cell phone을 주로 사용한다. 사전에서 cell은 제일 먼저 '작은 방'이라고 설명한 것을 보면 '작은 공간' 정도가 원래 의미였음을 짐작할 수 있다. 개인적으로 나는 여기에 '개별적인'이란 단어를 집어넣어 '아주 작은 개별적인 공간'이라고 나름대로 정리하고 이해한다. 그러면 사전에 실린 대로 ①작은 방 ②감옥 등의 독방 ③별실 ④전지 ⑤(벌집의) 각각의 구멍, 밀 방 ⑥세포 등등의 의미를 이해할 수 있기 때문이다.

피부에서 아주 적은 양을 떼어 내 현미경microscope으로 보면 무수한 cell을 볼 수 있다. 실제로 세포를 처음 발견한 R. 훅(1655~1703)은 여기저기 오밀조밀 모여 있는, 하지만 독립적인 세포를 보고 아주 작은 방 같다는 생각에 cell이라는 이름을 붙였다고 한다.

chapter 1 영어는 가슴에서 꺼내라

원래 바다를 좋아했던 나는 언젠가부터 산이 더 좋아졌다. 이 산 저 산 다니면서 많은 휴대전화 기지국base station을 볼 수 있었다. 도심 여기저기, 골목 여기저기에 안테나antenna를 세우고 심지어는 지하철 안까지도 크고 작은 수많은 세포처럼 기지국이 퍼져 있지 않으면 휴대전화는 통화가 불가능하고 그 기능을 상실한다. 그래서 영어에서는 cell phone인 것이다! 나는 그렇게 이해한다. 참으로 합리적인 단어라고 생각하면서.

cell phone 이야기가 나와서 말인데 이와 관련된 station과 antenna에 대해서도 살펴보자. station을 무조건 역驛이라고 해석하고 받아들이는 경우가 있는데 그렇게 외우면 쉽게 한계에 봉착한다. station은 역말고도 경찰서 police station 발전소power station 방송국 broadcasting station 주유소gas station 기상대 weather station 등에 쓰인다. 따라서 station은 '모이는 지점'으로 개념을 정리하는 것이 공부에 편하다. 사건 사고가 모이는 곳이 경찰서이고 기름 필요한 사

35

람들이 모이는 곳이 주유소이고 날씨에 대한 정보와 자료가 모이는 곳이 기상대이다.

다음으로 antenna를 살펴보기로 하자. antenna는 원래 더듬이, 촉각, 달팽이의 뿔 등을 의미하는 말에서 출발했다고 한다. 이것이 과학 기술에 의해 만들어진 기구인 안테나라는 의미로까지 확대 사용된 것이다. 더듬이든 촉각이든 달팽이의 뿔이든 모두 앞으로 나아가기 위한, 가야 할 길로 전진하기 위한 길잡이guide 노릇을 한다.

절대 반지만 ring이 아니다

대개 ring을 반지로 외우지만 나는 ring을 '둥글고 끼울 수 있는 것들' 로 받아들인다. 반지뿐만이 아니라 코걸이, 소의 코뚜레 등도 모두 다 ring이다. 물에 돌을 던지면 생기는 둥근 파문들도 rings, 나이테annual ring도 ring이다. 동사로 쓰일 경우에는 방울, 종, 나팔, 전화 등이 울려 퍼지는 것도 다 ring이다. 이 또한 ring 안에 ring들을 끼워 넣는 상상을 통해 기억한다.

이와 비슷한 상상력으로 삼킬 수 있는 단어로는 spring이 있다. 뜻은 '봄' '용수철' '샘' 이다. spring의 기본 개념은 '위로 치솟아 오름' 이다. 봄

이 되면 개구리가 겨울잠에서 깨서 꽁꽁 얼어 있던 겨울을 박차고 뛰어나오고 땅에서 아지랑이heat waves가 피어오르며 기운을 위로 뻗쳐 올린다. 용수철을 힘으로 한껏 누르다 손을 놓으면 오히려 탄력elasticity 때문에 더 힘차게 튀어 오른다. 내가 어릴 때 살던 마을은 아주 시골이어서 샘물을 길어다 먹고 살아서 잘 아는데 샘 또한 깊숙한 곳에서부터 물이 끊임없이 위로 솟아오른다.

어떤 독자들에게는 엉터리 같은 생각들로 비춰질지 모르겠지만 나는 가능한 한 단어들을 이런 연상association을 통해 공부studying하고자 했고 어느덧 몸에 밴 습관habit이 되어 버렸다.

 pop | 뽀빠이의 눈은 왜 튀어나올까?

pop은 우리말로 하자면 빵! 혹은 펑!과 같은 의성어이다. 예전에는 뻥튀기 아저씨들이 쇠로 된 검고 묵직한 뻥튀기 기계를 들고 읍이나 시골 마을을 돌아다녔다. 쌀이나 옥수수를 가져가면 약간의 돈을 받고 튀겨 주었는데 작은 쌀알, 옥수수 등이 무지무지 부풀어져 나왔다. popcorn 또한 뻥튀기와 비슷한 원리로 옥수수가 열과 압력에 의해 소리를 내며 튀겨져 나오기에 popcorn이라는 이름이 붙었을 것이다.

재미있는 것은 예전에 인기가 있던 '뽀빠이'라는 만화영화에 나오는 주인공 이름이다. Popeye가 올리브라는 여주인공을 브루투스라는 악당에게서 구해 낼 때 시금치spinach를 먹고 힘이 세지는 모습이 지금도 생각난다. **Popeye**는 특히 힘을 써야 할 상황이 닥치면 유난히도 눈이 크게 튀어나왔다.

우리는 상식common sense적으로 눈은 겉으로 보이는 것보다 훨씬 더 크다는 것을 알고 있다. 가려져 있던 눈알이 점점 앞으로 나오면 눈 또한 크기가 더 커져 보일 것이다. 그래서 그런지 Popeye는 '(눈알이) 튀어나오다'라는 의미도 있다. 이 이름도 눈알이 튀어나오는 특징 때문에 작가가 의도적으로 붙인 것이 아닌가 한다.

또한 우리가 보통 사이다라고 부르는 탄산음료를 영어에서는 soda pop이라고 하는데 soda는 탄산 등이 함유된 음료를 일컫

는다. 여기에 pop이 쓰인 것은 탄산음료를 마실 때 목구멍throat에서 느껴지는 파악, 파악! 터지는 느낌 때문일 것이다.

Sensible English

Tag 1

> 회화와 문법 중 무엇이 먼저냐 하면 당연히 회화가 먼저다. 회화가 주가 되고 그다음 자신의 실력을 한 단계 한 단계 쌓아 올려가는 중에 벽이 느껴질 때, 필요하다 생각되거나 꺼림칙하다거나 의문이 드는 문법을 그때그때 공부하는 것이 좋다. 물론 통 문장이다 뭐다 무조건 암기하는 방법을 아직도 고집하고 계신 분들이 많은데 난 암기력이 달려 그렇게는 못 한다. 가능한 한 이해하며 즐기면서 하고자 한다. 공부는 죽을 때까지 해야 하는 것 아닌가? 재미없이 억지로는 못 한다.
>
> 각 chapter가 끝날 때마다 소개하는 표현들에 대한 문법적인 설명은 아주 필요하다는 생각이 들지 않는 한 가능하면 하지 않도록 하겠다. 부득이하게 문법을 설명해야만 할 때도 가능한 아주 짧게 언급하도록 하겠다. 왜냐하면 나도 문법이 싫고 거추장스러우니까.

Bottoms up!

이 책을 준비한답시고 나 스스로 생각해 봐도 10여 개월 동안 참 고생 많았다. 이 책이 마무리되는 대로 책 쓴답시고 그동안 못 만났던 정다운 사람들과 만나 술잔을 기울이고 싶다. 그런 의미에서 첫 문장은 술과 관련된 것이다. 'bottoms up!'은 우리 한국식 영어로 '원 샷one shot'을 의미한다. 꺾지 않고 한 번에 마시는 것 말이다. 그런데 여기서는 왜 bottom에 s가 붙었을까? 이는 당연한 것이다. 건배란 혼자 하는 경우는 아주 드물고 대개 여럿에서 한다. 다 같이 잔을 들어서 바닥(bottoms)을 up하면 술은 다 쏟아지게 되어 있다. 그 쏟아진 술은 물론 입 안으로 가는 것이 옳고. 그래서 영어로 원 샷은 bottoms up이 된다. 한편 '~을 위하여 건배'를 할 경우 우리의 감각으로는 for를 써야 할 것 같지만 영어에서는 for가 아닌 to를 쓴다는 점에 유의하도록 하자. 원 샷이 아닌 그냥 건배를 할 때는 cheers(toast로도 사용한다)를 가장 많이 쓴다. 건배하면서 '너의 건강을 위하여' 라고 말하고 싶다면 'Cheers! To your health!' 라고 말하면 된다.

Heartbreaking English

 It's good for your system.

여기서 쓰인 system은 회화에서 body 대신 많이 사용하는 말이다. system 대신 body를 써도 된다는 말이다. '그저 네 몸에 좋지.' 정도의 말이다. 물론 it은 운동이면 운동, 음식이면 음식을 지칭하는 역할을 한다.

body가 단순히 몸을 지칭하는 데 비해 system은 '일련의 통합적인 조직 및 체계'를 의미하는 말이다. 따라서 이 문장에서 system은 몸 자체의 조직 체계라는 좀 더 구체적인 의미로 변한다. '일련의 통합적인 조직 및 체계'라는 기본적 의미가 있기에 문맥에 따라 학문의 학설이라든지 더 나아가 세계 및 우주라는 의미로까지 사용할 수 있는 말이 이 system이다. 몇 개의 예문을 들어 보자.

educational system 교육적인 체계 → 교육 제도
network operating system 네트워크 운영체제
security system 안전에 대한 일련의 통합적 체계 → 보안장치

 I've gotta split.

고등학교 다닐 때 나는 좀 껄렁껄렁한 편이어서 욕과 속어를 잘 썼는데 그때 많이 쓰던 말과 비슷한 말이다. 당시 친구들과 헤어질 때 '그만 쪼개지자.'는 표현을 잘 썼었다. '나 그만 쪼개겨야 겠다.'는 '나 그만 가봐야겠다'는 말로 일이 있거나 사정상 급히 가야 할 때 많이 쓰이는 속어이다. 한편, split은 돈을 혼자가 아닌 여럿에서 분담하는 경우에도 많이 사용한다. 'Let's split the cost between us.'는 '비용 서로 분담하여(나눠) 냅시다.' 정도의 뜻이다. 지금도 많이 쓰고 있는지는 모르겠지만 얼마 전까지만 해도 우리나라 사람들은 각자 비용을 분담할 경우 dutch pay란 말을 많이 썼다. 이는 잘못된 표현이다. 굳이 dutch란 말을 써야겠다면 'Let's go dutch.'가 옳다. Dutch는 네덜란드의 말이나 사람, 풍(방식) 등을 의미한다. 미국인이나 영국인들이 네덜란드 사람들을 인색하고 허풍이 있는 등 좋지 않게 보는 경향이 있어서 그런지 Dutch와 관련해서 좋은 표현은 찾아보기가 힘들다. 'Let's go dutch.'를 직역해 보자면 '네덜란드 방식으로 가자.' 정도가 될 것이다.

chapter 2

영문법에 태클 걸기

- 힘센 be동사
- 눈치 보는 일반 동사
- 영어는 위치 언어다
- 명사 없이 못 사는 형용사
- 형용사를 짝사랑하는 부사
- often, usually, always
- 너는 내 꺼 a, my, the

chapter 2

　건물을 높이 올리기 위해서 가장 먼저 할 일이 무엇인지 아시는가?
　바로, 땅을 파는 일이다. **건물을 높이 올리려면 건물이 올라가는 만큼 깊이 땅을 파야 한다.** 그리고 기반을 튼튼히 다진 후에 수많은 시간과 피나는 노력struggle을 들여 다시 땅 위로 올라와야 한다. 그때부터 비로소 진정으로 건물 올리는 작업이 시작되는 것이다. 땅도 파지 않고 건물을 올리려는 자는 너무도 어리석다. 비록 시작에서는 더딜지 모르지만 승자는 분명코 남모르게 깊이깊이 땅을 판 사람들이다. 기반이 약하면 건물을 높이 올릴 수도 없을 뿐더러 만약 높이 올라갔다 치더라도 언제 무너질지 모른다.

chapter 2 영문법에 태클 걸기

이번 chapter는 바로 땅을 깊이 파는 작업에 비유할 수 있다. 기초적인 것이라고 가볍게 여기거나 우습게 보지 말기를 간곡히 부탁드린다.

어떤 사람들은 영어의 동사를 크게 be동사, 일반 동사, 조동사로 삼등분 하지만 나는 조동사는 동사로 보지 않는다. 조동사는 영어로 auxiliary verb인데 이 경우 auxiliary는 우리말로 '보조의' 정도의 뜻이다. 곧, 도와줌을 의미한다. 한자어로도 접두사 조_助는 돕는다는 의미이다. 용어 자체도 그렇고 쓰임을 살펴봐도 조동사는 동사를 도와주는 부수적인 역할을 한다. 그래서 나는 be동사가 아닌 동사는 모두 일반 동사로 분류한다. 이렇게 공부하는 것이 개념 정리 등 많은 면에서 훨씬 편리하기 때문이다. 딱 까놓고 말하면 be동사가 아닌 동사는 모두 다 일반 동사라고 보는 것이 뱃속 편하다.

초중고등학교 학생들뿐만 아니라 심지어 영어를 전공한 일부 대학생들조차도 기본기가 갖추어

지지 않아 한 문장 안에 be동사와 일반 동사를 함께 쓰는 것을 적지 않게 봤다. 이는 언어의 기본과 원칙에 위배되는 것이다. 우리말이든 영어든 한 문장 안에는 동사가 하나만 나오는 것이 정상이다.

내가 개인적으로personally 가장 많이 보아 온 문장 중 하나는 'I am go to school.'이다. 이 문장 자체도 틀린 것이지만 여기에 not을 하나 더 집어넣어 'I am not go to school.'이라는 부정문을 만들어 놓고 당당하게 맞았다고 흡족해 하는 학생들도 본 적이 있다. 이는 기본이 안 되서 그렇다. 기본기 없이는 쉽게 한계에 부딪히게 된다.

옛날 중국의 한 쿵푸kung-fu 문파에 소질이 둔한dull 사내가 있었다. 시간이 지나면서 다른 사람들의 실력은 많이 향상되었지만 그는 아무런 발전도 없이 그대로인 것 같았다. 전쟁이 일어나 그 문파 대부분의 사람들이 전쟁에 참여하게 되었다. 몇 년 후 전쟁이 끝나고 떠났던 사람들이 하나 둘 돌아왔다. 얼마 후 그 문파의 우두머리boss를 뽑는 시합이 있었는데 최후의 승자는 의외로 소질이 둔한 그 사내였다. 그는 화려한 기술로 승자가 된 것이 아니라 가장 기본적인 기술을 충실히 연마하고 또 연마해 드디어 그 기본기 속에 숨어 있는 무술martial art의 큰 원리를 몸으로 깨쳤던 것이다.

어학도 마찬가지라 본다. 확실한 기본기 없이는 제대로 된 공부를 하기 힘들다.

chapter 2 영문법에 태클 걸기

'I am go to school.' 이 왜 틀렸는지 잘 이해가 안 간다면 우리말로 직역해서 보자. '나는 이다, 간다 학교 쪽으로' → '나는 학교에 간다, 이다.' '나는 학교에 이다, 간다.'

'I am not go to school.' 또한 '나는 학교에 가지 않는다, 이다.' 정도로 번역된다. 우리말로도 틀린 말이고 영어로도 틀린 말이다. 영어든 우리말이든 동사가 하나만 나온다는 기본을 이해하지 못해서 이런 실수를 하는 것이다. 물론 우리말과는 다르게 영어에서는 예외적으로 동사가 두 개 올 수 있는 것이 꽤 있다. 하지만 동네 앞산도 못 오르면서 큰 산에 오르려 하지 마라! 일단 동사는 일반 동사나 be동사 중 하나만 나온다는 것을 알고 감각으로도 확실하게 느낀 다음 그것을 바탕으로 또 다른 도전을 하는 것이다. 동사는 하나뿐이다! 둘일 수 있다는 것은 잊자. 생각도 말자. 이번 chapter에서는 뛰려고 하지 말자. 걸음마라도 좋으니 이 기회에 기본기를 확실히 익혀 두거나 점검check이라도 하길 바란다. 너무도 기본적인 것이라고 생각해서 그냥 지나치지 말길 제발 부탁한다. 미처 몰랐거나 생각 없이 무심코 지나쳐 버렸던 것들에서 새삼 큰 깨달음을 얻을 수도 있기에!

 힘센 be동사

be동사에는 am, are, is가 있다. 가장 많이 쓰이는 의미는 '이다' 이다. 그다음에 '있다' 가 있다. '이다'나 '있다' 가 아닌 동사들은 일반 동사라고 보면 거의 맞을 것이다. 또한 be동사는 'To be or not to be.(사느냐 죽느냐.)'에서처럼 '존재하다exist'라는 의미도 가지고 있지만 이는 의미상 '있다' 에 포함된다고 이해하면 편할 것이다.

am, are, is를 be동사로 묶는 이유는 이들이 모두 be에서 나왔기 때문이다. 곧 am, are, is의 벌거벗은 원래 몸뚱이가 be인 것이다. am, are, is는 다만 나(1인칭)냐 너(2인칭)냐 아니면 여럿(복수)이냐, 나도 너도 여럿도 아닌 이외의 모든 것(3인칭)이냐에 따라 be라는 알몸이 상황에 맞게 am, are, is라는 옷을 입는 것이라고 생각하면 이해하기가 쉽다. 이제 예문을 통해 살펴보기로 하자.

① I am your friend.
② You are my friends.
③ We are your friends.
④ They are my friends.
⑤ 혜연 and 난주 are friends.
⑥ She (He, My mom, Your uncle, 우섭, The dog……) is my friend.

chapter 2 영문법에 태클 걸기

①번은 1인칭인 I가 주인공이기에 am을, ②번은 2인칭인 'you'가 주인공이기에 are를 썼다. 만약에 friend가 아닌 friends가 쓰이면 you는 '너'가 아닌 '너희들'이라는 뜻으로 사용된 것이다. ③번은 '나'가 포함된 둘 이상 여럿 즉, 우리 we를 썼다.

④번은 they가 둘 이상의 남자들일 수도 있고 둘 이상의 여자들일 수도 있고 남자, 여자가 섞여 있을 수도 있다. 꼭 사람이라기보다는 동물일 수도 있고 식물일 수도 있고, 그도 아닌 물건일 수도 있다. 즉 사람은 물론이고 동식물, 살아 있지 않는 물건까지도 둘 이상이면 they로 받는다.

⑤번은 비록 혜연이와 난 주는 나도 아니고 너도 아니지만 둘이 같이 주어로 나왔기 때문에 여럿 곧 복수가 된다. 여하튼 ②~⑤번까지는 둘 이상 여럿이 주어가 된다.

주어가 I일 때는 am이고 you를 포함해 둘 이상의 여럿(복수)은 are로 받아 주고 그

나머지(3인칭 단수)는 모두 is로 받는다. ⑥번이 이런 문장이다. 나의 엄마든 너의 삼촌이든 그것이 개이든 간에 나도 너도 여럿도 아닌 것은 무조건 is인 것이다.

be동사가 쓰인 문장을 부정문으로 만들 경우는 am, are, is 뒤에 not을 써주는 것이 원칙이다. be동사는 비록 의미도 단순하고 변화형도 am, are, is 등 몇 가지밖에 없지만 그 힘은 일반 동사와는 비교가 안 될 정도로 강하다. 따라서 부정을 의미하는 not도 일반 동사에서처럼 감히 앞에 오지 못하고 뒤에 온다고 생각하면 이해하기가 편할 것이다. 설명은 이미 다 했으니 기본적인 문장을 예로 들어 점검해 본 후 다음으로 넘어가 보자.

① I am **not** your friend.
② You are **not** my friend.
③ She is **not** my friend.

물어보는 말은 주어, 동사의 위치만 바꾸어 주면 된다. 이 또한 예문만을 소개하고 넘어가기로 하겠다.

I **am** your friend. → **Am** I your friend?

You **are** my friend. → **Are** you my friend?

She **is** my friend. → **Is** she my friend?

 눈치 보는 일반 동사

자다sleep, 앉다sit, 서다stand, 걷다walk, 보다see, 세다count, 여행하다travel 등등 기본적으로 우리말로 '이다' '있다' 등으로 해석되는 것 이외의 동사들은 모두 일반 동사라고 생각하면 빗속 편할 것이다. 일반 동사는 도무지 몇 개인지 세려 해도 모래알처럼 많아 셀 엄두조차 나지 않는다.

이해하기 쉽게 현재형 문장으로 간단한 예문을 만들어 살펴보자.

① I learn English.

② You learn English.

③ We learn English.

④ They learn English.

⑤ 혜연 and 난주 learn English.

⑥ He(She, My daddy, Your friend, 하영) learns English.

일반 동사는 3인칭으로 현재형을 만들 때 기본적으로 뒤에 s를 붙여 주면 된다. ~s만 붙이는 것이 아니라 또 명사와 마찬가지로 끝이 ss, ch, sh, x 등으로 끝나는 동사의 경우 3인칭일 때는 ~es로 바꿔 줘야 한다. guess → guesses, finish → finishes, catch → catches, fix → fixes 등이 그것이다. 동사 마지막이 y로 끝나고 바로 앞에 자음이 있으면 y를 i로 고쳐주고 뒤에 -es를 붙여 준다.

이 법칙이 적용되는 단어 몇 개를 살펴보면 fly → flies, cry → cries, study → studies 등이 있다. 하지만 -y 앞에 모음(a, e, i, o, u)이 오면 원칙 그대로 -s만 붙여주면 된다. 이 경우에 있어서는 음양(모음과 자음 즉, 남자와 여자)의 조화가 맞으니 기본적으로 자음에 해당하는 y를 i로 고치지 않고 그대로 써준다고 생각하면 기억하기 편할 것이다. (enjoy → enjoys, play → plays, say→ says, obey → obeys)

불규칙적으로 변하는 것들 중에는 do, go, have가 있다. 이 동사들은 3인칭일 경우 do는 does로 go는 goes로 have는 has로 바뀐다. 각각 바꿔주지만 이들 모두 영어에서 너무도 자주 접하고 사용하는 것들이어서 영어를 공부하는 한 외우려고 하지 않아도 외울 수밖에 없다.

다음은 의문문에 대해 알아보기로 하자.

① I run every morning.

→ Do I run every morning?

② You run every morning.

→ Do you run every morning?

③ We run every morning.

→ Do we run every morning?

④ They run every morning.

→ Do they run every morning?

⑤ He runs every morning.

→ Does he run every morning?

위에서 보는 것처럼 ①~④번은 의미는 없는 do를 맨 앞에 붙여 일반 동사로 만든 의문문이라는 표시를 해준다. 3인칭 단수에는 do 대신 does를 붙여 3인칭 단수라고 표시해 준다. do는 '하다'라는 기본적 의미 이외에도 일반 동사가 쓰였다는 표시를 해주면서 의문문을 만드는 역할을 한다. 'Do you want to do that?(너 그거 하기를 원하니?)' 라는 의문문에서 당연히 앞의 do는 뜻이 없지만 want라는 일반 동사를 가진 물어보는 말이라는 표시를 해준다. 뒤에 to 다음에 나온 do는 '하다' 라는 의미를 가진 말로 사용된 것이다.

여기서 주의할 점은 ⑤번을 유심히 보면 평서형에 있어서 일반 동사인 run이 runs로 바뀌어 3인칭 단수라는 것을 표시해 주는데 이것이 의문문으로 바뀔 때는 does가 나와 runs가 다시 원래의 형태인 run으로 돌아가는 것을 볼 수 있다. 이 또한 언어가 편리함을 추구한다는 것에서 기인했다고 보면 된다. 3인칭 단수임을 does를 써서 한 번 표시했으니 굳이 다시 runs로 표시할 필요가 없다는 것이다. 번거롭다. 그러기에 does가 나오면 runs는 다시 원래 모습 그대로 run으로 돌아가는 것이다.

다음은 부정문에 대해 알아보자. 이 또한 묻는 꼴과 비슷한 원리이다. be동사 문장에서는 be동사 다음에 not이 오는 데 반해 일반 동사 문장에서는 be동사가 아니라 일반 동사라는 것을 표시하기 위해 형식적으로 do가 먼저 나오고 일반 동사 앞에 not을 써 준다는 차이가 있다. 일반 동사는 be동사에 비해 힘이 약해 not한테도 자리싸움에서 밀린다고 이해하면 편할 것이다.

예문을 보기로 하자.

chapter 2 영문법에 태클 걸기

① I do not run every morning.

② You do not run every morning.

③ We do not run every morning.

④ They do not run every morning.

⑤ She(He, My mom, The dog……) does not run every morning.

①~④번까지는 do not을, 3인칭인 ⑤번에서 does not을 붙였다. 물론 간편하게 do not을 don't로 does not은 doesn't로 줄여서 많이 사용한다. 의문문과 같은 원리와 이유로 ⑤번은 does가 나와 3인칭을 표시해 줬기 때문에 runs가 아닌 원래 모양인 run으로 되돌아간다. 이 노한 복삽하세 하기 위해서가 아니라, 한 번 표시한 것을 두 번 표시하는 것은 귀찮은 일이기 때문에 이렇게 하는 것이다. 즉 간편하게 하기 위해서 원래 모양으로 돌아가는 것이다.

가장 많이 쓰는 말이면서도 불규칙하게 변하는 동사인 have를 예로 들어 보자. 나, 너, 여럿인 경우에는 have 그대로 쓰여 'I have breakfast.'가 되지만 3인칭에서는 has로 바뀌어 'She(He, My brother, Your aunt) has breakfast.'가 된다.

영어는 위치 언어다

우리말과 일본어와는 달리 중국어와 영어는 글이나 말의 위치에 따라 쓰임이 유동적으로 변한다. 비록 말 한마디 제대로 못 하는 중국어이지만 중국어도 위치 언어로 알고 있다.

영어는 위치 언어이기 때문에 같은 단어라도 위치에 따라 쓰임새와 역할이 달라진다. 이런 단어는 dance(춤, 춤추다) dream(꿈, 꿈꾸다) speed(속력, 속력을 내다) snow(눈, 눈이 오다) rain(비, 비가 오다) sound(소리, 소리가 나다, 들리다), water(물, 물을 주다, 침을 흘리다) 등 일일이 열거할 수 없을 정도로 많다.

우리가 간단히 하나one, 둘two, 셋three으로 알고 있는 숫자 또한 위치에 따라 형용사로 변하여 각각 '하나의' '둘의' '셋의' 등의 뜻을 지니기도 한다. 이렇게 복잡한 게 영어인가? 하지만 전혀 겁낼 필요는 없다. 명사도 되고 동사도 되고, 명사도 되고 형용사도 되기 때문에 그 원리만 잘 파악한다면 오히려 영어가 좀 더 편안하고 쉬울 수도 있다. 다음 예문들을 보기로 하자.

chapter 2 영문법에 태클 걸기

① He is a cook
①-1 He cooks some chinese food for me.
② I need a lot of salt to make kimchi.
②-1 I salt some chinese cabbages to make kimchi.
③ She likes your personality.
③-1 She lives like a beggar.

①번은 주어 다음에 be동사 is가 나왔다. 한 문장 안에 동사는 하나만 나온다는 기본 원칙에 따라 cook은 동사일 리 없다. 요리사를 cooker라고 생각하기 쉬운데 cooker는 솥, 냄비 등의 요리 도구를 뜻한다. 이 경우의 cook은 '요리사'란 의미로 쓰였다. ①-1번은 cooks가 주어 다음에 쓰였으니 의심할 여지없이 동사인 '요리하다' 란 의미로 쓰였다.

②번의 경우 전치사인 of 다음에 동사가 나올 리는 없으니 명사 그대로 '소금' 이라는 의미로 쓰인 것이다. 하지만 ②-1번의 경우는 주어 다음의 위치에 나와 우리말로 '소금으로 절이다' '소금으로 간을 맞추다' 라는 정도의 의미를 지닌 일반 동사가 된다.

③번의 경우는 다소 논란의 여지가 있기에 미리 밝혀 둔다. 사전에는 동사로 쓰인 ③번의 like(s)와 ③-1번처럼 때에 따라 형용사 혹은 전치사로도 사용하는 like가 다른 단어로 따로따로 표기되어 있다. 그것이 원래 다른

단어든 같은 단어이든 간에 아무튼 위치로서 동사인지 아닌지 손쉽게 구분이 가능하다는 것이 중요하다. 또한 ③-1번에서 like가 형용사로 취급받든 전치사로 취급받든 간에 그게 뭐가 대수인가? 다시 한 번 말하지만 우리가 영어 학자가 될 필요는 없다. 기본적인 구별을 하고 거부감 느끼지 않고 편안하게 쓸 정도만 되면 된다. 아무튼 ③-1번은 like가 일반 동사 lives 뒤에 나왔기에 동사일 리는 없고 '~처럼' '~같이' 정도의 의미로 쓰였다는 것만 확실히 하면 된다.

 명사 없이 못 사는 형용사

국어학 관련 서적에서 형용사 부분을 찾아보면 생각보다 엄청 복잡하게 설명되어 있다. 아무리 우리말이라도 도대체 무슨 소린지 모를 정도로 복잡해서 머리가 뱅뱅 어지러워지기까지 한다. 그중에서 지금 설명할 부분과 연관된 것을 설명해 보자면 형용사란 '이쁘게'든 '나쁘게'든 '좋게'든 '그저 그렇든지' 간에 그 대상이 되는 것(사람 혹은 사물)을 꾸며 주는 역할을 한다. 예를 들어 여기 책이 한 권 있다면 그 책을 보고 '좋은 책이다' '이상한 책이다' '예쁜 책이다' '유명한 책이다' 하는 저마다의 느낌과 생각을 가지게 될 것이다. 즉 책이라는 그 대상 자체에 대한 느낌 내지

는 생각, 감정을 표현해 그 책을 좀 더 구체적으로 설명해 주는 말, 그것이 바로 형용사라 할 수 있다. 물론 형용사가 위치하는 자리는 위에서 보는 것처럼 영어나 우리말이나 모두 명사 앞이 가장 기본적인 위치이다.

우리나라 국어학자들 중에는 형용사를 동사의 한 부류로 보는 분들도 꽤나 있다. 예를 들어 '그녀는 예쁘다.(She is beautiful.)'라는 문장에서 '예쁘다'라는 말이 동사 역할까지 하기에 그렇게 보지 않나 생각한다. 반면 영어에서는 우리말 구조와 다르게 형용사가 동사와 비슷한 역할을 할 수가 없다. 기본적인 문장을 몇 개 보자. 'You are handsome.' '정우 is tall.' 'It is soft.' 'That sounds good.' 등에서 형용사 앞에 동사가 위치하고 있다는 것을 어렵지 않게 확인할 수 있다.

영어는 우리말과는 다르게 주어와 동사라는 뼈대에 형용사가 달라붙어 기본적인 문장을 만든다. 이 또한 영어의 기본적인 원칙 중의 하나이다.

주어와 동사, 형용사로만 구성된 문장에서 학생들은 무언가 부족하다는 느낌을 참지 못하고 형용사 앞에 a를 집어넣는 경우를 적지 않게 보아 왔다. 이것 역시 기본이 제대로 서지 않았기 때문이다. 기본적인 문장들을 중심으로 이모저모 따져 가며 살펴보기로 하자.

I was foolish.

I was a foolish.

위의 문장은 맞고 아래 문장은 틀리다. 왜 그럴까?

나중에 자세히 공부하겠지만 a는 '하나'를 뜻하면서 동시에 종류를 분별해 주는 역할을 한다. 잠시 a에 대해 살펴보자면 a는 단정지어야 할 대상(명사)이 반드시 필요하다. 개인지 말인지 염소인지 돼지인지 사람인지 혹은 여자인지 남자인지 아이인지 어른인지 뭐든지 간에 한정해 줄 대상이 있을 때 나오는 것이 a인 것이다. 그래서 'I was a foolish man.'으로 고친다면 a가 한정할 수 있는 명사 man이 나왔기 때문에 맞는 문장이 된다.

한편, 'I was foolish.' 라는 문장 자체는 한정해 줄 대상이 필요 없다. 바로 I가 foolish한 대상 자체가 되기에 그렇다. I가 주어이면서도 동시에 어리석은(foolish) 그 대상 자체가 되기에 그렇다.

 형용사를 짝사랑하는 부사

우선 우리말로 '너는 매우 부지런한 소년이다.' 라는 문장을 떠올려 보자. 영어로 옮겨 보면 'You are a very diligent boy.' 정도가 될 것이다. 여기서 영어나 우리말로 기본 뼈대가 되는 말은 'You are a boy.(너는 소년이다.)'이다. 이것만으로도 온전한 문장이 된다. 여기서 명사 boy를 좋게든 나쁘게든 뜻을 한정해 주고 꾸며 주는 말이 형용사이다. 이 문장에서 diligent는 형용사이다. 소년이 약하거나 우울하거나 미련하거나 잘생긴 것이 아니라 부지런하다고 소년의 범위를 정해 주었다. 또 여기에서 형용사 diligent의 뜻을 또다시 한정하고 꾸며 주는 말이 부사이다. 소년(a boy)인데 어떤 소년인가 하면 'diligent' 한 소년이고 또 그중에서도 'very' 부지런한 소년이라는 것이다. 곧 부사 very는 형용사 diligent를, 형용사 diligent는 명사 boy를 직접 꾸며 주고 있다.

우리말의 '매우 부지런한 소년' 과 영어의 'very diligent boy' 는 기본적인 구조가 일치한다. 또한 형용사와 부사의 기본적인 역할도 일치한다.

우리말이나 영어나 마찬가지 원리로 'You are a very diligent boy.' 에서 'You are a boy.'가 기본적인 뼈대라고 보면 diligent는 살이고 very는 그 위에 붙은 살갗skin이라고 비유할 수 있다. 무엇이든 뼈대를 세워야 살을 붙일 수 있다. 따라서 가장 중요한 것이 뼈대요, 그다음이 살이며 살갗은 그다음이다.

부사는 기본적으로 형용사에 -ly를 붙여 만든다. 예를 들자면 kind(친절한) - kindly(친절히, 친절하게) absolute(절대적인) - absolutely(절대적으로) bad(나쁜) - badly(나쁘게) 등이 그것이다. 하지만 예외적인 것들이 있다. late와 hard 같은 것은 -ly를 붙이면 전혀 다른 뜻으로 바뀐다. late는 부사와 형용사가 같은 모습을 취한다. late에 -ly를 붙여 lately를 쓰게 되면 본래 late의 '늦은' '늦게' 라는 의미와는 전혀 다르게 '요즘에' '최근에' '근래에' 정도로 의미가 변한다. hard 또한 -ly를 붙여 hardly가 되면 우리말로 '단단한' '어려운' '열심히' 에서 '거의 ~ 않는' 정도로 바뀌면서 전혀 다른 의미가 된다.

이외에도 early 같은 단어는 ear에 -ly를 붙여 만든 글자가 아닌 원래 모습이 early(이른, 일찍)이기에 예외 아닌 예외가 된다. early는 형용사로도 부사로도 쓰인다.

y로 끝나는 형용사는 y를 i로 바꿔 준 후 -ly를 붙이면 부사가 된다. 예를 들자면 lazy - lazily, angry - angrily, easy - easily 등이 그렇다. 한편 good의 부사는 형태가 전혀 다른 well이다.

반면 명사에 -ly를 붙이면 부사가 아닌 형용사가 된다. love(사랑) - lovely(사랑스러운) man(남자) - manly(남자다운, 사내다운) friend(친구) - friendly(친한, 정다운) earth(땅, 지구) - earthly(지구상의, 이 세상의) 등을 그 예로 들 수 있다.

앞서 말한 대로 hard, late와 마찬가지로 high, enough, fast 등도 형용

chapter 2 영문법에 태클 걸기

사이면서 부사로도 같이 쓰인다.

　부사는 위치가 명사나 형용사에 비해 무척 자유로운 편이다. 앞서 설명한 대로 형용사를 한정하거나 꾸며 줄 뿐만 아니라 문장의 맨 앞이나 맨 뒤에 나오기도 한다. 문법적으로 부사는 형용사도 꾸며 주고 동사도 꾸며 주고 심지어 같은 부사마저 꾸며 준다. 하지만 기본적으로 부사는 일부 부정문을 제외하고는 문장 안에 있어도 없어도 되는, 뼈대나 근육이 아닌 자잘한 장신구accessory와 같은 역할을 하는 경우가 대부분이다. 전혀 고민할것 없다. 곰곰이 생각해 보면 우리말의 부사와 기능면에서 비슷한 점이 많으니까 말이다.

　부사가 부사를 꾸며 주는 경우도 앞서 공부했던 대로 부사가 형용사를 꾸며 주는 것과 같다. 우리말과 비슷한 원리이므로 크게 신경 안 써도 된다. 예문을 보도록 하자.

She speaks French **very well**
They rescued the hostages **very safely**

　두 문장 모두 부사가 연이어 나오며 앞의 부사가 뒤의 부사를 꾸며 주는 경우이다. 우리말과 같은 구조이기에 별달리 공부하고 자시고 할 것도 없다.

부사가 동사를 꾸미는 경우 또한 우리말 구조와 비슷한 경우가 적지 않다. sometimes 하나로 예문을 만들어 점검하고 넘어가 보기로 하자.

① Sometimes I meet 지혁. 가끔가다 나 지혁이 만나. (O)
② I meet 지혁 sometimes. 나 지혁이 만나지, 가끔 가다. (O)
③ I sometimes meet 지혁. 나 가끔가다 지혁이 만나. (O)
④ I meet sometimes 지혁. 나 가끔가다 지혁이 만나. (×)

우리말로나 영어로나 ①②③번 모두 이상할 게 하나 없는 옳은 표현이다. 부사인 sometimes가 어디에 쓰였는지 자세히 보자. ①번은 주어인 I 앞에 ②번은 문장 맨 뒤에서 쓰였다. ③번은 잠깐 점검해 둘 필요가 있다. sometimes가 be동사에 비해 힘이 약한 일반 동사인 meet 앞에 나와 meet을 꾸며 주고 있다. 하지만 ④번 하나만은 틀린 문장이다. ④번을 유심히 보면 sometimes 바로 뒤에 '지혁'이라는 대명사가 나온다. 물론 우리말은 ④번같이 말을 해도 뜻이 통하는 이상할 것 없는 문장이지만, 영어는 우리말보다 훨씬 위치에 민감한 위치 언어라는 것을 상기하자. 앞서 배웠듯 부사는 문장 맨 앞 즉, 주어 앞에 나오는 것은 가능하지만 명사 바로 앞에는 나올 수 없다. 부사는 위치상 명사 앞에 나올 수 없다. 이 점이 우리말의 부사와 가장 큰 차이라고 볼 수 있다.

often, usually, always

빈도 부사는 웬만한 영어 관련 참고서나 서적에는 대부분 실려 있고 시험에도 자주 출제되는 부분이기에 (내 기준에서는 영어의 기본 원칙 정도까지는 아니지만) 여기서 짚고 넘어가 보기로 하자. 빈도 frequency라고 해서 거창한 것 같지만 사실 별 거 없다. 한자어를 살펴보면 빈도는 '자주 빈頻'자에 정도를 뜻하는 '도度'자를 쓴다. 시험 출제 '빈도'가 어떻고 하는 말이 바로 시험에 나오는 횟수를 의미하는 것처럼 빈도란 '자주 나오는 정도'를 뜻한다. 빈도가 아닌 횟수라고 할 수도 있었지만 옛날 문법 학자들이 그리 정해 놓은 거 같다. 어쨌든 빈도 부사는 '일반 동사 앞, be동사 뒤에 위치한다'는 것이 기본 명제이다. 다른 부사들과는 달리 우리말 구조

와는 조금 다른 예외적인 경향이 있는 것들이라 생각하면 될 것이다.

그렇다면 이제부터 빈도 부사에는 무엇 무엇이 있는지, 그 쓰임새는 어떤지 알아보기로 하자.

우선 be동사 뒤에 쓰인 빈도 부사에 대하여 알아보기로 하자.

① You are diligent. 너는 부지런하다.

② You are (always, usually, often, sometimes) diligent.
너는 (항상, 대개, 자주, 가끔) 부지런하다.

③ You are (seldom, rarely, never) diligent.
너는 (거의, 결코) 부지런하지 않다.

기본 문장인 ①번에 ②번의 괄호 안에 있는 빈도 부사를 상황에 맞게 하나 골라 쓰면 된다.

③번 같은 경우는 우리말과는 어느 정도 language gap(한 언어와 다른 언어 사이에 일치하지 않는 부분 내지는 차이점)이 느껴지기에 바로 번역하지는 않았다. 셋 다 부사인데도 우리말로는 해석할 때 '~ 않는' '~ 않다'라는 식으로 해석할 수밖에 없어 부사라기보다는 형용사 내지는 동사에 가까운 느낌을 받게 된다. 또 그 의미에 있어서나 활용할 때나 우리의 언어 감각 속에 쉽게 받아들여지지도 않는다. seldom이나 rarely는 '거의 ~

않는' '거의 ~않다' 정도의 뜻을 지니고 있고, 일반적으로 never는 '결코 ~ 않다' 정도로 번역한다.

seldom은 어원이 영어이고 rarely는 라틴어 *raro*에서 온 형용사 rare에 -ly를 붙여 부사로 만든 것이다. 이 둘은 나중에 설명할 기회가 있을 것이다. 그때 좀 더 살펴보기로 하자.

③번에서 seldom과 rarely가 들어간 문장을 직역하면 '너 거의 부지런하지 않지.' 로 그 의미는 '너, 열 번 중에 두 세 번이나(아주 가끔) 부지런하려나.' 정도가 된다. never가 들어간 문장은 '너는 결코 부지런하지 않다.' 이고 여기에 약간 의역을 가미하면 '너는 결단코 단 한 번을 부지런하지 않아.' 정도가 될 것이다.

alway(항상)는 열 번이라면 열 번 다 부지런하다는 말이고 usually(대개)는 열 번 중에 7, 8번쯤, often(자주)은 6, 7번쯤, sometimes는 4, 5번 안팎의 빈도를 나타낸다고 볼 수 있다.

빈도 부사는 be동사 다음에 바로 습관적으로 쓰였다는 것을 알 수 있다. 하지만 바로 앞서 살펴보았듯이 sometimes 같은 단어는 문장의 맨 앞이나 뒤에도 나올 수 있다. 곧, 'Sometimes you are diligent.' 'You are diligent sometimes.' 모두 옳은 문장이고 가능한 표현들이다.

설명은 이 정도로 마치고 바로 일반 동사와 함께 빈도 부사가 쓰인 경우를 살펴보기로 하자. 앞서 말한 대로 be동사와는 달리 일반 동사의 경우는 뒤가 아닌 앞에 빈도 부사가 붙는다는 차이점만 염두에 두면 된다.

예문을 보기로 하자.

I go to Mt. 한라.

I (always, usually, often, sometimes, rarely, seldom, never) go Mt. 한라.

자리만 다를 뿐 be동사와 쓰였던 경우와 비슷한 원리이다. 설명도 굳이 많이 할 필요가 없다고 본다. be동사가 힘이 무척 센 녀석이기에 not도 감히 be동사 앞에는 오지 못하고 만만한 일반 동사 앞에서나 나온다는 것을 앞서 설명한 바 있다. 이 역시 마찬가지이다. 특별 취급을 받고 싶어 하는 빈도부사라는 녀석들이지만 감히 힘센 be동사 앞에는 나오지 못하고 뒤에나 겨우 빌붙어 나오는 주제에 만만한 일반 동사 앞에서나 설쳐 댈 뿐이라고 생각하면 얼마나 재미있고 간단한가!

물론 일반 동사 앞에 쓰인 sometimes는 be동사 때와 마찬가지로 문장 맨 앞이나 맨 뒤에 나와도 된다.

한 가지 재미있는 점은 always의 경우 부정문 안에서는 그 위치에 따라 의미가 확연히 달라질 수 있다는 것이다. 꽤나 다재다능한 프리랜서free

chapter 2 영문법에 태클 걸기

lancer처럼.

위의 예문을 부정문으로 바꿔 always가 위치에 따라 어떻게 의미가 변하는지 그 차이점을 살펴보자.

I don't always go to Mt. 한라. 내가 항상 한라산에 가는 것은 아니다.
I always don't go to Mt. 한라. 나는 항상 한라산에는 가지 않는다.

아주 작은 위치의 차이가 이처럼 의미마저 바꿔 놓지만 이러한 경우는 아주 드문 예외 정도로 생각하면 된다. 마음의 부담을 떨쳐 버리자. 그러면 영어를 즐기며 익힐 수 있는 길이 좀 더 넓어지지 않겠는가?

너는 내꺼 a, my, the

요즘은 초등학생들도 학원에서 관사article라는 것을 배운다. 나는 the가 관사고 a, an은 부정관사라느니 하는 말에 별로 신경 쓰지 않는다. 그래도 dog이 둘 이상이 되면 하나임을 표시해 주는 a는 빠지고 dogs가 되는 것은 당연하다고 여기고 a the dog, the my dog, a my dog 등은 어법에 맞지 않고 느낀다. 그 이유를 대부분의 영어 책에서는 정관사 the는 소유격이나 부정관사가 같이 나올 수 없기 때문에 그렇다는 말 달랑 하나로 설명하고 있다. 그렇다면 왜 그럴까? 약간의 상상력을 발휘해 보면 아무 것도 아니다.

① This is a dog. 이것은 개이다.

② This is my dog. 이것은 나의 개이다.

③ This is the dog. 이것은 그 개이다.

chapter 2 영문법에 태클 걸기

우선 개 백 마리로 가득 찬 공간에 들어가 있다고 가정해 보자.

①번의 경우는 이 개는 그저 단순히 개 한 마리라는 의미이다. 다시 말하자면 여기 백여 마리의 개들 중 그저 한 마리의 개일 뿐이라는 의미이다.

①번의 경우 여기서는 a는 단순히 하나만을 의미하는 것이 아니다. 하나임을 표시하는 동시에 말도, 소도, 염소도, 닭도 아닌 개 한 마리(a dog)라고 한정해 주는 역할마저 지닌다.

②번의 경우는 곧, 나의 개라는 의미를 부여하여 너의 개도, 그녀의 개도, 옆집 아저씨 개도 아닌 나의 개(my dog)라고 의미를 한정해 준다.

③번의 경우에는 the라는 녀석의 속성을 좀 더 살펴볼 필요가 있다. 예를 들어 설명하자면 the dog은 내가 키우는 개the dog that I feed, 어제 내가 발로 찬 개the dog that I kicked yesterday, 내가 갖고 싶은 개 the dog that I want to have 같은 특별한 의미를 가진다는 것을 지칭할 때 the를 쓴다. 즉, the는 무언가를 특별하게 정해 준다. 다른 개가 아닌 바로 그 개

라는 것이다. 의미의 차이는 있지만 ①②③번 모두 대상을 한정해 준다는 공통점이 있다.

그렇다면 여기서 문제는 왜 a(an)가 나오면 보통 my나 your 같은 소유격은 물론 the도 나올 수 없는 것일까? 또 왜 the가 나오면 역시나 a(an)와 my는 나올 수 없을까?

chapter 2 엉문법에 태클 걸기

또 다시 말하지만 언어라는 것은 편리성을 추구하는 경향이 강하다. 한 번 a나 my 혹은 the를 써서 한정해 주거나 표시해 준 것을 귀찮게 두 번, 세 번 다시 표시해서 번거롭게 할 필요가 있을까? 하나만 쓰는 것이 편하기 때문에 a(an), my, the 중 하나만 쓰는 것이다. 이제 감을 잡았을 것이다.

 You can't put it off forever.

put off는 '벗다' '버리다' '제거하다' 외에도 '미루다' '연기하다' 정도의 의미로 많이 쓰인다. 여기서는 미루다, 연기하다 정도의 의미를 적용해 사용할 수 있다. 즉 '너는 영원히 미룰 수는(연기할 수는) 없지.' '평생 미룰 수는 없지.' 정도의 의미이다.

 Shame on you.

내가 러시아에서 한국어를 가르칠 때 기숙사에서 러시아 여자 친구 문제로 술을 먹고 난동을 피운 적이 있다. 친구처럼 지내던 다른 과의 몇몇 여학생들에게서 다음 날 아침에 들었던 표현이다. '부끄러워 해라, 네 자신 상(on)에서.' 라는 말로 '부끄러운 줄 좀 알아.' 는 의미이다. 이 말에 대한 내 대답은 영어가 아닌 러시아어 였다. '밥쉐 야 따꼬이.' 뜻은 '나 원래 그런 놈이야.' 라는 말이다. 그들은 어이없어 하며 웃었고 나도 따라 웃었다. 쪽팔린 김에 더 크게, 가능한 한 귀여운 척 웃었다.

 You are not in my bed.

러시아 이야기가 나온 김에 내 추억과 관련된 표현 하나를 더 살펴보기로 하겠다. 이는 미성년자에게는 좋지 않은 표현이므로 우리말로 따로 번역은 하지 않겠다.
내가 러시아로 떠나기 바로 2, 3일 전쯤 외국인 친구 두세 명과 영어로 대화가 되는 친구 두어 명이 같이 어울려 대전 천川 근처 한 술집에서 술을 마셨다. 이때 외국인 친구 녀석들이 러시아 여자를 사귀려고 할 때 잘 안 먹혀들면 사용하라고 일러 준 말이다. 이 말 한마디가 그날의 술자리에서 제일 유쾌한 화제가 되었다. 실제로 나도 그들의 충고 아닌 충고대로 러시아에서 꽤 써먹은 표현이다. 미성년자는 나중에 성인이 되면 다시 보고 그 뜻을 이해하시고 지금은 그냥 넘어가길 부탁드린다. 물론 성인이라면 좀 더 그 뜻을 음미해 보시기 바란다.
참고로 나는 원래 욕에 관한 한 전문가 수준이다. 우리말로도 별의별 욕을 만들어 쓴 바 있다. 욕

Heartbreaking English

에 대해 연구 꽤나 한 사람이지만 이 책에서 욕이 될 만한 표현들은 다루지 않았다. 그래도 귀여운 욕 하나, 내가 발명한 영어 욕 하나는 말이 나온 김에 다루어 보기로 하겠다. 상황에 따라 재미있는 표현이 될 수 있을 뿐더러 내가 외국인 친구들을 여러 번 웃긴 표현이기도 하다.

 Kiss your own ass.

영어 원어민들은 화가 머리끝까지 날 때나 상대방을 깔볼 때 'Kiss my ass.(내 엉덩이에 키스나 해라.)'는 말을 자주 쓴다. 물론 상황에 따라 분위기를 돋우기 위하여 친한 사이에 농담으로도 얼마든지 쓸 수 있는 말이다. 나도 친한 서양 친구들과 장난치면서 서로 많이 주고받았다. 또 나도 진짜 열 받아 싸움이라도 할 분위기가 될 때 많이 썼던 표현이다.
그런데 말이다. 하루는 문득 정말 싫어하는 사람이라면 내 엉덩이에 키스하는 것조차 역겨울 것이라는 생각이 들었다. 그래서 내 엉덩이에 키스하지 말고 '네 자신의 엉덩이에나 키스해.'라는 의미로 내가 만든 욕이다. 어떤 사람은 '어? 어떻게 자신의 엉덩이에 스스로 키스를 할 수 있냐.'고 반문할지도 모른다. 하지만 내가 알 바가 뭔가. 내가 그리도 싫은 놈인데 자기 엉덩이에 키스를 하든 못하든 내가 신경 쓸 바 아니지 않은가!

 Are you killing me? what a knock out!

'너, 나 죽이고 있니? KO 됐어!' 정도의 직역이 가능할 것이다. knock의 기본적인 의미는 '두들기다'이고 out은 일정 범위를 벗어난 것을 의미한다. 그래서 권투에서 KO 됐다는 말은 두들겨 맞아(knock)게임에서 벗어났다는(out) 뜻에서 나온 말이다. 아무튼 이 문장은 상대가 아름답거나 멋있을 때, 너무 재밌거나 웃길 때 잘 쓰인다. '야, 그저 죽여 주게 재미있더라, 그 사람 죽여주지.' 하는 우리말과 비슷한 발상이다. 좀 더 구라를 치자면 'You knock me dead.' 정도로 바꿀 수 있을 것이다. 직역하자면 '네가 나를 패 죽이는구나.' 곧, 그만큼 미모가 뛰어나거나 상황이 너무 재미있는 경우에 쓰인다.

75

chapter 3

똑같은 말은 없다

- seldom과 rarely의 차이
- 두 소방관의 싸움
- every와 all

chapter 3

 seldom과 rarely의 차이

감히 단언affirmation하건대 한 언어 안에서 완전히 똑같은 말은 없다. 비슷한 말들은 무수히 많지만. 사전이나 영어 참고서, 문법 책 등을 보면 같다는 말이 많지만 나는 이들을 비슷한 뜻을 가진 유의어synonym나 비슷한 문장 정도로 본다. 그래서 나는 가능한 같다는 말은 전혀 안 쓰고 개인적으로 근사치를 뜻하는 ≈로 바꾸어 사용해 왔다.

어떤 책에 보면 rude = impolite라고 나와 있다. rude란 것은 '버릇없는' '무례한' 정도의 말이다. 반면 impolite는 '공손한' '예의 바른' 정도의 의미를 지닌 polite에 im-이라는 접두어가 붙어 의미가 바뀐 것이다. 우리말로는 '공손하지 않은' '예의 바르지 않은'이라는 뜻에 가깝다. 우리말로도 '버릇없는'과 '공손하지 않은'은 비슷한 말은 될 수 있을지언정 같은 말은 아니다. 이는 영어 역시 마찬가지이다.

다른 예도 많다. 그 중 하나가 seldom과 rarely이다. 많은 책에서 같은 뜻으로 취급을 하면서 '거의 ~ 않다'로 함께 묶어 놓는다. 하지만 이 둘 역시 차이점이 있다. rarely는 rare 뒤에 -ly를 붙여 부사로 만든 말이다. 원래 꼴인 rare를 살펴보면 어느 정도 차이가 느껴질 것이다. rare는 우리말로 '드문' '진기한' '희귀한' 정도의 뜻이다. 영영사전에서 rare 항목을 찾아보면 '흔하지 않은 not common' '흥미롭고 interesting' '값진 valuable' 정도로 설명되어 있다.

이 rare에 -ly를 붙여 부사로 만들면 '드물게' '거의 ~ 않는' '좀처럼 ~ 하지 않는' 정도로 의미가 변한다. 하지만 원래 rare는 영어가 아닌 *raro*라는 라틴어에 그 뿌리를 두고 있다고 한다. 반대말로는 역시 라틴어에 뿌리를 둔 빽빽한, 밀집된이란 뜻을 가진 dense가 있다. 즉 rarely는 seldom

과는 태생이 다른 것이다.

　사실 rarely와 seldom은 원어민들조차 대부분 =로 처리하는 부분이다. 우리말과 비교해 보면 고유어인 '사람'과 한자어가 기원인 '인간人間'의 관계와 비슷하다. 하지만 일반적으로 rarely = seldom은 가능하다고 어쩔 수 없이 인정한다 하더라도 rarely의 뿌리인 rare는 용법상 seldom과는 전혀 다른 용도로 사용되는 경우가 대부분이다.

　이에 대해서는 원어민과도 몇 시간씩 논쟁을 벌인 적도 있다. 내 생각은 rarely가 rare에 그 뿌리를 두고 있지만 영어의 종주국인 영국에서 이러저러한 역사적 환경적인 요인들에 의해 rare와는 다르게 사용되고 급기야 외래어인 seldom과 거의 구분할 수 없을 정도로 비슷한 용법으로 쓰이고 발전되어 온 것이 아닌가 한다.

　우리말로 중에 은어로 흔히 사용하는 '쪽 팔린다'에서 쪽은 원래 남성 신체의 일부를 가리키는 말이었다. 그런데 이 말이 점차 사람(주로 남자)이라는 의미로까지 확대되고 이제는 원래 의미보다는 '품위' '체면'을 뜻하는 의미로 가장 많이 사용되고 있다.

　이와 비슷한 이유로 언중 사이에서 일어난 어떠한 계기가 rarely와 seldom을 거의 동일시하는 현상을 야기하지 않았을까 하는 추측을 해본다. 결론을 이야기하자면 현재에는 rarely나 seldom이 거의 구분 없이 사용되고 쓰이지만 어원적으로는 그 바탕이 전혀 다르다고 분명히 말할 수 있다.

예전에 내가 중고등학교에 다닐 때 영어 선생님들은 must, ought to, should, have to는 모두 '~해야 한다'는 의미를 가진 같은 말들이라며 무조건 암기하도록 시켰다. 지금도 일부 책에서는 최소한 should = have to 라고 해놓은 책들을 찾아볼 수 있다. 하지만 실제로는 분명한 차이가 있다.

이 넷은 =이 아닌 〉로 표시할 수 있다. 즉, must 〉 ought to 〉 should 〉 have to가 된다. 이들 중 must가 '틀림없이'라든지 '반드시' '꼭'이란 말을 붙일 수 있을 정도로 어감의 강도가 가장 강하다. ought to 에서부터 차츰 그 강도가 약해져 그나마 have to가 가장 강도가 약하다. 다음 예문을 보자.

① I must go to Korea.

② I have to go to Korea.

③ I will go to Korea.

①번을 의역해 보면 ②③번에 비해 명확한 차이점 point of difference이 드러난다.

①번을 좀 과격하게 의역하면 '네가 나 때려 죽여도 나는 한국에 가야만

한다.'로 번역할 수도 있다. 이렇게 번역할 수 있는 근거는 물론 must에 있다.

②번은 have to 때문에 '나, 한국에 가야(만) 한다.' 정도로 번역할 수 있다. have to에 대한 자세한 것은 chapter 5에서 자세히 분석할 것이므로 여기서는 이 정도로만 해두기로 하겠다.

③번은 '나는 한국에 갈 것이다.' 정도의 의미이다. 주어인 내가 가고자 하는 의지가 있다는 것을 보여 준다. 보통 주어로 I와 함께 will이 쓰였을 때는 하고자 하는 의지를 나타내는 경우가 많고 그 외에는 단순하게 '~일(할) 것이다' 라는 의미로 많이 쓰인다. 이 경우는 내가 한국에 가고자 하는 의지를 밝힌 것이라 말할 수 있다.

이번에는 must와 have to의 차이점에 대한 또 다른 예를 살펴보자. 내가 길거리를 가다가 우연히 옛날에 친했던 친구를 오랜만에 만났다고 가정해 보자. 그때 나는 다음 중 어느 말을 할 수 있을까?

"You must be my friend!"

"You have to be my friend!"

첫 번째 문장은 '너, 내 친구 틀림없지(분명하지)!' 정도로 해석할 수 있

chapter 3 똑같은 말은 없다

다. 전혀 어색함이 없다. 다음 문장은 '너, 내 친구가 되어야(만) 해!' 정도의 뜻이다. 번역을 해도 어색하고 의미상에서도 차이가 있으며 상황에도 맞지 않는 말임을 알 수 있다. 그래서 첫 번째 문장만이 가능한 표현이다.

이제 감이 좀 잡히셨는가? 그럼 다음으로 넘어가도록 하겠다.

이번에는 문장이 아닌 단어를 비교해 보자. 'all the time = always' 흔히 이렇게들 외운다. 물론 둘 다 '항상' '늘' 정도의 같은 번역이 나온다. 일단 all the time을 분석해 보자. 정해져 있는(the를 통해서 정해져 있음을 알 수 있다) 모든(all) 시간(time)이라는 것이다. '항상'이나 '늘' 로 번

83

역할 수 있는 빌미를 제공한다. always는 all(모든) + ways(길들)이다. 둘이 합쳐지면서 all에서 l자 하나가 생략된 것이다. 그 어원은 중세 영어 Middle English에 있다고 한다.

우리말도 '길'이 방법 내지는 방식이라는 말로도 쓰이듯 영어 또한 마찬가지이다. 즉 all (모든) + ways(방법들)가 되는 것이다. 그래서 always는 모든 길들(방법들)을 다해 곧, '항상' '늘' 이라는 뜻으로까지 발전하게 된 것이다. 차이점은 time이라는 시간을 나타내는 말에서 파생되어 all the time이 '항상' '늘' 이란 뜻이 되었다면 always는 way 즉, '길' 이라는 공간을 나타내는 말에서 시작된 단어라는 것이다. 이처럼 뜻은 서로 통하지만 서로 간에 차이점이 분명 있다.

간단한 예 하나를 더 보자. 'for instance'와 'for example'은 둘 다 '예'라는 의미로 예시를 들 때 많이 사용하는 말이지만 for instance는 많은 예들 가운데 하나의 예라는 뜻이고 for example은 예들 중에서 가장 전형적인, 가장 대표적으로 뽑을 수 있는 예를 말한다.

이번에는 전치사를 통해 언어에는 똑같은 말이 없다는 것을 살펴보도록 하겠다. 이번에 살펴볼 것은 to와 with이다. to는 chapter 5에서 중점적으로 다루기로 한 만큼 되도록 간략하게 설명하기로 한다.

① 소희 was talking to my sister.

② 소희 was talking with my sister.

①②번 모두 '소희는 내 누이와 이야기를 하고 있었다.' 로 똑같이 해석할 수 있다. 하지만 엄밀히 보면 역시나 그 내용이 달라진다. ①번은 to 때문에 소희가 내 누이에게 일방적으로 말했다는 느낌이 강하고 ②번은 with 때문에 소희가 내 누이와 함께 이야기를 나누었다는 느낌이 강하다. 그래서 '동격의 with'니 하는 말이 문법 책에 나오는 것이다. 다음 문장을 보자.

My baby put the coin in(to, into) her mouth.
내 아기가 그녀의 입에 동전을 넣었다.

위의 예문에서 in을 쓰면 그 특성상 동전이 아기의 입 안에 있다는 느낌이 강하게 든다. to를 쓰면 아기의 입 쪽으로 간다는 방향성이 강하다. 반면 into를 쓰는 경우는 in이나 to를 쓴 경우의 '종합판'이라고 할 수 있다. 이 역시 to가 들어가 있다. 원래는 to + in 즉, 'toin' 이었는데 결과를 중요시하는 영어의 습성 때문에 자리가 이동해서 into로 바뀐 것이라는 나의 은사恩師 김송자 선생님의 설명을 들은 기억이 난다. 그렇다면 그 동전은 우선 아기의 입 쪽으로 가서(to) 그 아기의 입 안(in)에 있는 것이다. 어쨌든 into는 동전의 방향성과 함께 그 동전이 아기의 입 안에 있다는 것을 동시에 알려주는 역할을 한다고 할 수 있다. 물론 in을 쓰거나 to를 쓰거나 into를 쓰거나 그것은 말하는 사람 마음이고 감각상 약간 차이가 날 뿐 다 맞는 표현이다.

이번에는 점잖은 말과 그렇지 않고 격의 없이 사용하는 말을 비교해 보자. have가 '~을 가지다'는 의미가 아닌 먹는다는 의미로 쓰일 때 have = eat이 된다고 하지만 차이점은 있다. 간단한 문장을 만들어 보았다. 다음을 보기로 하자.

① My mommy wants to have persimmons.
② My mommy wants to eat persimmons.

두 문장 모두 공통적으로 '나의 엄마가 감을 먹기를 원한다.' 는 뜻을 기본적으로 지니고 있다. 하지만 ①번의 경우가 ②번보다 훨씬 더 점잖은 느낌이 든다. 그것은 물론 have를 썼느냐 eat을 썼느냐의 차이 때문이다. 우리말로 굳이 바꾼다면 have를 쓴 ①번은 '드시고 싶어 한다.' ②번 eat을 쓴 경우는 '먹고 싶어 한다.' 정도가 된다. 보다 더 격식을 차린 formal 말이 ①번이고, 덜 격식을 차린 informal 말이 ②번이라 말할 수 있겠다.

chapter 3 똑같은 말은 없다

'Thank you.'와 'Thanks.'의 차이점도 비슷하다. 'Thank you.'의 경우는 좀 더 격식을 차린 말로 공식적인 자리에서 쓸 수 있을 만한 점잖은 느낌이 들고 'Thanks.'는 친구지간이나 격의 없는 사이에서 쓸 만한 말이다. 이외에도 내가 동네 가게에서 물건을 사고 주인이나 점원에게 돈을 건네주면 그는 내게 'Here you are.(여기 있습니다.)'라고 하며 거스름돈을 건넬 것이다. 하지만 친구라면 'Here you go.(여기 너한테 간다. 즉, 여기 있다.)'를 쓸 수 있을 것이다. 기본적으로 영어에는 존댓말이 거의 없지만 그렇다고 해서 격식 있는 말조차도 없다고는 볼 수 없다.

어떤 책을 보니 다음 비슷한 세 개의 문장sentence을 =처리하였다.

I go to Seoul tomorrow.
I will go to Seoul tomorrow.
I am going to Seoul tomorrow.

이 세 개의 문장이 똑같은가 하면 물론 그렇지 않다. 첫 문장은 가장 기본적인 평서형으로 단순히 '내일 서울 간다.'고 말한 것뿐이다. 다음 문장은 will을 써서 내일 서울에 갈 것이라는 말하는 이의 의향 내지는 의지를 나타내었다. 마지막 문장은 going 즉, 가고 있는 중이라는 현재 진행의 형

87

태를 갖추고 있다. 말하는 시점인 지금부터 '간다는 것'을 드러내 내일 서울에 갈 가능성을 높여 준다.

우리말로는 '나는 내일 서울에 가고 있는 중이다.'라고 말하지 않는다. 하지만 영어가 모국어 mother tongue인 사람들은 자연스럽게 그렇게 말한다. 이상할 것 하나도 없다.

우리는 중학교만 다녀도 관용구, 숙어 idiom를 무조건 외운다. 나는 관용구나 숙어란 말 자체에 '이해하기 힘드니 감각으로 익혀라'라는 의미가 포함되어 있다고 본다. 숙어를 뜻하는 idiom의 형용사는 idiomatic이다. '관용의' '숙어의' 라는 의미가 된다. 또한 대부분의 사전에 '특유의' '과연 그 나라 말다운' '꼭 그 나라 말 같은' 정도의 해석을 달아 놓았다. 그렇다면 여기에 English를 붙이면 어떻게 되는가? idiomatic English 즉, '영어 특유의 영어' '영어 같은 영어' '영어다운 영어'가 되는 것이다.

영어의 고수가 될수록, 원어민의 수준에 가까워져 갈수록 idiomatic

English를 구사하게 된다. 관용구나 숙어는 바로 그 나라 내지는 그 언어를 사용하는 사람들의 문화 및 사고방식, 풍습customs을 담아낸 것으로 오랜 세월에 걸쳐 발전하고 변화했으며 때로는 단어의 뜻이 바뀌는 과정까지 거친 복합적이고 총체적인 산물인 것이다. 끊임없이 거의 무작정 암기를 강요당하는 idiom의 실체는 이렇다. 나는 ③번 문장 또한 조금 넓게 보면 idiom의 한 형태라고 생각한다. 내가 idiom을 너무 확대해석한 것일까? 물론 나는 강하게 내 생각이 옳다고 생각한다.

두 소방관의 싸움

내가 중고등학교 다닐 때는 소방관을 fireman으로 배웠다. 하지만 언제부터인가 fire fighter를 병행하여 쓰더니 이제는 점점 fire fighter가 fireman을 밀어내고 자리를 잡아 가는 추세이다. 성차별sexual discrimination을 피하기 위해 그리 만들어 쓰기 시작했던 것인데 이제는 이 단어가 원래 단어를 밀어내고 있는 것이다. fireman과 fire fighter는 언어란 사람들의 달라진 사고방식을 그대로 반영한다는 말의 틀림없는 증거가 아닐까 싶다. 우리말로 둘 다 소방관이니까 똑같은 말이라고 우긴다면 할 말은 없지만 단어 구성의 측면을 놓고 보면 fireman은 불과 관련된 남자 곧, 소방관을 일컫는다고 볼 수 있고 fire fighter는 불과 싸우는 사람을 뜻한다는 약간의 차이가 있다. 이는 페미니즘feminism(여성의 권리를 확장, 강화시키려는 운동)의 영향이 크게 작용한 말이다. 여자라고 해서 소방관 못 하라는 법은 없다는 여성계의 반발로 급기야 fire fighter란 단어를 만들어 낸 것이다.

가정주부를 뜻하는 housewife 또한 가정주부가 꼭 여자이어야 하느냐는 반발로 여성임을 뜻하는 wife를 없애고 대신 그 자리에 '유지하다' 는 의미를 가진 keeper를 넣어 만든 housekeeper라는 말을 주로 사용하는 추세로 바뀌어 가고 있다.

우리나라 말도 예외는 아니다. 내가 알고 있기로는 우리나라도 1980년대 중반쯤부터 불기 시작한 feminism의 영향을 많이 받았다. 요즘에는 아버지와 어머니의 성을 함께 써 성을 '김이' 같은 식으로 하는 사람도 생겨났는데 이는 얼마 전까지만 해도 상상할 수 없는 일이었다. 권투, 축구 이외에도 남자들만이 했던 거의 모든 분야에 도전하는 여성들이 늘어나고 있는 것들 또한 그 바탕에는 feminism이 자리하고 있다.

또한 과거에는 '여성 전용 직업'으로 여겨지던 간호원이 간호사라는 말로 바뀐 것 또한 feminism이 크게 작용한 것이다. 간호원의 원員은 그저 간호하는 사람 정도를 의미했으나 간호사의 사師는 의사와 마찬가지로 선생의 의미를 가진 말이다. 의미가 격상됐다는 점에서 간호사와 간호원을

chapter 3 똑같은 말은 없다

100퍼센트 똑같은 말로는 볼 수 없다. 이제 더 이상 간호원이라고 쓰는 사람을 만나보기 힘들다. 참으로 빨리 간호원은 사어死語 즉, 쓰이지 않아 죽은 언어가 되어 버렸다.

언어가 그 시대를 살아가는 사람들의 생각하는 방식이나 시대의 주류 the main current를 얼마나 담아내는지는 과거에 만들어져 지금까지 사용하고 있는 단어를 살펴보면 얼마든지 알 수 있다. man이라는 단어가 남자를 뜻하면서 남녀를 모두 포함한 사람의 의미로 쓰일 수 있다는 자체가 성경의 '여자는 남자의 갈비뼈 하나로 만들어졌다'는 사고와 흡사한 발상이다. 또한 서양에서 결혼과 동시에 자신이 이제껏 써온 성last name을 버리고 남자의 성을 따른다는 것만을 보아도 서양 사회가 과거에 얼마나 남성 중심적이었는지 충분히 짐작할 수 있는 단서clue를 제공한다.

여성에게 자동차 문을 열어 준다든지 식당에서 남자가 여성을 위해 의자를 빼주는 행위들 또한 애초에는 여성을 위한다기보다는, 여성을 동등하게 보지 않고 남성이 보호해야 할 대상으로 취급한 것이다. 이는 나의 편협한biased 주장이 아니다. 실제로 그런 것이니 이를 빌미로 나를 나쁜 놈으로 몰아붙이지 말았으면 한다. 나는 모든 인간은 동등하다고 본다. 돈 있는 자나 없는 자나, 대통령이나 가진 것 쥐뿔도 없는 나나, 노인이나 젊은이나 예쁜 여자나 못생긴 남자나, 잘난 여자나 못난 여자나, 배웠거나 못 배웠거나 다 기본적으로 같다고 보니까. 언어는 =이 없지만 인간은

91

누구나 다 =라고 본다.

한편 sister를 'sis', brother를 'bro', information을 'info', congratulations를 'congrats' 등으로 줄여 쓴다. 휴대전화를 이용해 문자 메시지를 보낼 때도 you를 'u', see를 'c', for를 '4' 등으로 줄여 쓰는 것 또한 우리와 마찬가지로 되도록이면 간단하고 편리하게 사용하고자 하는 심리 상태를 반영하는 것이라고 볼 수 있다.

 every와 all

every와 all은 실전 회화에서 사용 횟수가 높고 (내가 질색하는 시험이지만) 시험 문제로 잘 나오는 만큼 이번 chapter의 마지막으로 다루겠다. 이번 chapter를 통해 이 둘 사이의 기본적인 차이점을 알고 확실히 구분하여 쓸 수 있게 되면 좋겠다. every와 all은 둘 다 우리말로 '모든'이라고 번역할 수 있다. 하지만 그 의미는 큰 차이가 있다. 무슨 말인고 하니 결론부터 말하자면 every는 하나하나의 개별적인 것(사람, 물건 등)이 모여 이루어진 것을 일컫는 말이기에 뒤에 오는 명사는 단수로 온다. 반면 all은 사람, 물건 등을 하나의 덩어리로 묶어 '모든'이라는 뜻이 된 것이기에 뒤의 명사는 복수가 온다. all이 every에 비해 덩치가 큰 것이다.

예문을 보기로 하자.

① Every student likes me.
❶ All students like me.
② Every kid goes on a picnic tomorrow.
❷ All kids go on a picnic tomorrow.
③ I was here every day.
❸ I was here all day.

①번은 개별적인 하나하나(every)가 모여 이루어진 학생들(student)이 나를 사랑한다는 것으로 쓰였기에 like가 아닌 likes를 사용했다. ②번 또한 개별적인 아이 하나하나가 모인 '모든'이란 의미로 사용되었기에 go가 아닌 goes를 썼다.

①번과 ②번이 every를 써서 하나하나의 개별적인 것(사람)에 초점을 맞추어 문장을 만들었기에 단수가 나온 반면 ❶번과 ❷번은 각각 all students, all kids라는 큰 덩어리의 '모든'이라는 의미로 사용되었고, every와 차별을 두기 위해서라도 단수가 아닌 복수 취급을 한다. 따라서 기본적으로 every가 나오면 단수, all이 나오면 복수로 취급해야 한다.

위와는 조금 다르게 ③번의 every day는 개별적인 각각(하루하루)의 날들이 매일같이 계속해서 있었다는 의미가 된다. 이와는 달리 ❸번의 all day는 우리말로 번역하자면 '모든 하루' 즉, '하루 종일'이라는 의미이다.

이쯤 되면 "거 참, 영어 공부 피곤하게 하네!" 하고 따질 만하다. 하지만 언제까지 영어를 수학 공식처럼 무조건 '주어 + 동사 + 목적어 + 동사 원형 + 동격전치사 with + 명사' 순으로 무조건 외워 가며 가슴에 느낌 하나 없이 영어를 공부할 것인가? 수많은 단어들을 =로 처리하고 이해하지도 못한 채 무미건조하게 외우는 것이 더 피곤한 것이 아니냐고 도리어 내가 묻고 싶다.

무조건 외운다는 것은 쉽게 한계에 다다른다. 계속 쌓이는 눈처럼 단계가 올라가면 올라갈수록 감당하기 버거워진다. 길로 비유하자면 그 끝은 갈수록 좁아진다. 하지만 원리를 따져 제대로 공부한다면 처음에는 힘들고 괴로울 수도 있겠지만 가면 갈수록 흥미가 붙고 이해의 폭도 넓어진다.

그러면 갈수록 그 길도 넓고 훤해질 것이다. 우리가 영어에 그렇게나 많은 시간과 노력과 돈을 쏟아 붓는데도 영어 실력이 형편없는 것을 보면 교육 방식에 문제가 있는 것은 아닌지 고민해야 한다.

나는 언어를 되도록 가슴으로 공부한다. 한창 영어의 맛을 알아 가고 있던 대학 3, 4학년 때 후배들이 "영어 공부를 어떻게 해야 하느냐?"고 물으면 나는 "짝사랑unrequited love처럼 하라."고 말했다. "걔(영어)는 나를 싫어해도 나는 걔(영어)가 없으면 사는 의미조차 없으니 죽어라 달려들어라. 그러다 보면 언젠가는 내게 넘어오지 않겠냐."고.

나는 언어 공부는 남들과 달리 머리보다 가슴으로 하는 경우가 많았기에 아픔도 많았지만 그 즐거움 또한 비할 데 없이 컸다.

 It was fun beyond words.

beyond는 일정한 정도나 범위를 벗어난다는 의미이다. 우선 직역하자면 말을 벗어날(넘어설) 정도로 재미있었다, 곧 말로 표현 못할 정도로 재미있었다는 의미이다. beyond의 감각에 좀 더 가까이 가기 위해 한 문장을 더 소개하면 'It's beyond me.'를 들겠다. '나를 벗어났다. 나를 뛰어넘었다.' 정도로 직역이 가능할 것이다. 곧, '나도 왜 그런지 그 이유나 원인을 모르겠다, 능력 밖이다.' 정도의 의미를 지닌다.

상황에 따라 바꿔 쓸 수 있는 말로 'I had a blast.'가 있다. blast는 기본적 의미로 강하게 부는 한줄기 센 바람을 의미한다. '나는 한줄기 센 바람을 가졌다.' 정도로 직역이 가능할 것이다. 그만큼 강하게 기억될 만한 멋진 시간을 보냈다는 의미이다.

 That's my son! That's my daughter! That's my dog!

우리말로 해석할 때 that이 제일 꺼림칙한데 that은 '그것' '저것' '그' '저' 말고도 '거' 정도로 해석할 수도 있다. 즉, '거 내 아들 일세! 거 내 딸일세! 거 내 개일세!' 라는 뜻이다. 약간 의역을 더해 '역시 내 아들(딸, 개)일세!' 정도로 해석 가능하다. 칭찬할 때 많이 사용하는 표현이다.

 Sam is my heart. She takes my heart the way no other human ever has.

내 친구 Trace는 지금은 아랍에미리트의 한 대학에서 학생들을 가르치고 있다. 마흔이 넘은 나이에 결혼해 늦게 낳은 Samantha라는 딸이 하나 있는데 얼마 전 내가 자문을 구했을 때 답을 준 e-mail과 함께 온 사진을 보니 너무도 예쁘게 자라 있었다. 비행기 값이 없어서 당시 결혼식도 참석하지 못했는데 그는 많이 섭섭했을 것이다. 몇 번이고 내게 올 수 있으면 와 달라고 했지만 가고 싶어도 갈 수 없었던 당시 나의 힘든 상황을 그는 모를 것이다. 물론 알리고 싶지도 않고. 아무튼 내용이 너무 아름답다.

'내 딸 Sam은 나의 심장이다. 그녀는 다른 누구도 가지지 못했던 방법으로 내 심장을 차지했다.'

Heartbreaking English

 I have all the time in the world.

나는 세상에 있는 모든 시간을 가지고 있다. 그만큼 시간이 많다는 의미이다. 반대로 상대방이 꾸물거리고 자꾸만 시간을 지체하고 오래 기다리게 해서 상대방을 조금 재촉하고 싶을 때는 do not(don't)만 붙이면 된다. I don't have all the time in the world.

 My friend, 예연, 23 years old, from 대구.

이렇게 간단하고 기본적인 것을 왜 예문으로 넣었냐고 따지고 싶은 독자가 있을지도 모르겠다. 하지만 이는 모르는 소리이다. 이것은 comma(,)의 매력을 잘 모르기 때문이다. comma는 쓸데없이 길어질 수 있는 영어를 짧고 간단하게 만드는 마법사이다. 영어 회화 초보 수준에서는 아무것도 모르기에 말이 짧다. 중급 정도가 되면 군살이 붙어 말이 길어진다. 그러다 고급 수준에 오르면 다시 초보처럼 말이 짧아진다. 물론 초보와 다르게 무언가를 알고 쓸데없는 군살을 제거하기 때문에 말이 훨씬 날씬하고 세련되게 짧아진다. comma를 적절하게 사용하는 능력, 영어 고수가 될 수 있는 대표적인 무기 중의 하나이다.

 I got a hangover.

hangover는 잔존물이라는 뜻이다. 술을 잔뜩 마신 다음 날이면 다 해소되지 못하고 남은 술의 '잔존물'들 때문에 고생한다. 따라서 이 말은 술 먹은 다음의 후유증, 곧 숙취가 있을 경우 사용할 수 있는 말이다.

chapter 4

직역부터 잘 하셔!

- language gap을 느껴라 • 찰칵! There is
- 같은 듯 다른 it
  • it의 기본 • 비인칭 주어 it • 허수아비 it
- 영어에는 공손한 말이 있다? 없다?
- 친절한 가정법 • 난 죽지 않아 I'm not gonna die like this.

chapter 4

나는 고등학교를 대전에서 다녔다. 그때 우리는 학원에 등록했다는 것을 '학원 끊었다'라는 표현을 썼다. 그런데 그 반대로 요즘 아이들은 다니던 학원을 더 이상 다니지 않을 때 이 말을 사용한다. 세대 차이generation gap를 느끼게 하는 말이다. 또한 우리나라에서는 미팅blind date이나 소개팅을 나갔을 때 외모니 이러저러한 이유로 마음에 들지 않는 사람을 폭탄bomb이라고 부른다. 누가 됐든 간에 듣고 싶지 않은 말일 것이다. 하지만 내가 만약 미국 친구에게 '어제 미팅 나갔는데 그 여자 폭탄이더라.' 라고 말한다면 그는 아마도 sex bomb을 떠올리고 무척 부러워할 것이다. 영어에서 sex bomb은 성적인 매력sexual attraction이

chapter 4 직역부터 잘하세!

있는 쭉쭉빵빵한 여성을 뜻하는 말이다.

영어권에서는 호박pumpkin은 사랑하는 사람을 지칭할 때 쓰기도 한다. 하지만 우리나라에서 만약 사랑하는 사람을 호박이라고 부른다면 '내가 그리 못생겼냐?'며 상대방에게 좋은 반응reaction을 기대하기란 어려울 것이다. 그 자리에서 귀싸대기slap나 안 맞으면 다행이다. 언어는 인간의 감정과 사고를 담아내는 무형의 도구이다. 이번 chapter에서는 생각이나 문화의 차이에서 오는 language gap을 이해하고 느껴 보기로 한다.

 language gap을 느껴라

　한 언어와 다른 언어 사이에 서로 차이가 나는 것을 language gap 이라고 한다. 다른 나라의 언어를 배우기 힘든 이유는 바로 이 language gap 때문이다. 영어권 나라는 우리의 이웃 나라들에 비해 인종human race 과 문화culture 가 모두 달라 사뭇 거리감이 더한 것 또한 사실이다. 하지만 백인the white race이든 흑인the black race이든 우리처럼 황인종the yellow race 이든 모두 인간인지라 비슷한 부분이 있구나, 고개를 끄떡일 때도 적지 않다. 비슷한 점을 발견하면 '그렇지! 너네도 인간인데 통하는 게 있지, 왜 없어!' 라고 즐기는 자세로, 서로 다를 때는 '아! 너네는 이걸 이렇게 쓰구나!' 하고 역시 즐기는 자세로 이해하려고 하자. language gap은 거리감을 주는 동시에 큰 즐거움을 주기도 한다는 점을 잊지 말자.

　수준의 차이는 있지만 영어를 즐기며 1, 2년만 노력해도 최소한의 의사소통communication을 하는 데 큰 지장이 없다. 하지만 일정한 나이를 지나 영어 회화를 시작하면 원어민처럼 완벽해지기도 힘들고 또 완벽하게 하려고 해도 절대 완벽해질 수 없다.

　영어 공부를 하면서 원어민처럼 완벽해지려고 하지 말라. 언어란 묘한 것이어서 그 공부는 끝이 없다. 나도 우리말 공부를 한다고 했지만 아직도 모르는 우리말이 너무도 많다. 욕심 부릴 것은 부리고 버릴 것은 버려 가며 하라는 말이 내게 영어 공부를 어떻게 해야 하는지 물었던

chapter 4 직역부터 잘 하세!

사람들에게 두 번째로 많이 해준 대답이다.

번역에는 한 단어, 문장 등을 가능한 글자 그대로 해석하는 직역literal translation과 우리말의 정황conditions, circumstances을 고려한 의역free translation이 있다. 나는 문장을 번역할 때 직역을 중요시한다. 특히 초보자일수록 직역하는 습관이 필요하다고 생각한다. 그러다 일정 수준에 도달하면 어지간한 것은 자연스럽게 스스로 의역할 수 있는 능력ability in English translation이 생겨난다. 하지만 안타깝게도 우리나라의 교육은 기초적인 것들조차 의역에 매달린다. 우리나라 교육 현실의 증거인 동시에 language gap의 단적인 예들을 살펴보기로 하자.

I am a boy.

'나는 소년입니다.' 라는 번역에 누구 하나 이의를 제기하지 않는다. 하지만 이 또한 문장 있는 그대로를 해석한 직역이 아닌, 의역이다.

I am 나는 이다
a boy 한 명의 소년
→ I am a boy. 나는 한 명의 소년이다. (직역) → 나는 소년이다. (의역)

103

영어는 우리말과는 다르게 하나인지 여러 개인지를 구분하는 습성이 강하다. 우리말로는 '나는 많은 (책)을 가지고 있다' 라고 단수를 사용해야 옳은 표현이지만 영어로는 'I have many books(책들)' 와 같이 반드시 복수형을 만들어 줘야 한다.

 찰칵! There is

there를 사전에서 찾아보면 '거기에' '저기에' '그쪽' '이 봐' '저 봐' '거기서' '그 점'에서 등등 많은 뜻을 달고 있다. 이 모든 것을 막무가내로 외우려고 하기보다는 '조금 떨어져 거리감이 어느 정도 있음' 정도로 기본적인 감각을 잡으면 큰 무리는 없으리라 생각한다.

만일 친구와 사람이 붐비는 거리를 가고 있는데 짝사랑하는 여자가 저 만치 서 있다면 내 마음을 잘 아는 친구가 옆에서 'She is over there.' 라고 말해 내 마음을 쿵쾅쿵쾅 쑤셔 놓을 것이다.

우선 위의 문장에 쓰인 전치사부터 살펴보기로 하자. 사전에서 over를 설명하는 항목 중 재미있는 부분을 발견했다. 뭔가 하면 over란 '물건을 덮듯이 위로' 란 설명이다. 과일이나 건축 자재 등을 비닐 같은 것으로 덮으면 '∩' 정도의 각angle이 나온다. 나는 바로 이 각을 over를 감각적으로 받아들이는 기준으로 삼는다. 가령 위의 문장에서 over를 빼고 'She is there.' 라고 말하면 그녀는 내 눈이나 내게 말하는 상대방이 그녀의 위치를 바로 확인할 수 있는 곳에 있는 것이다. 하지만 'She is over there.' 라고 말하면 그녀는 거리상 어느 정도 떨어진 위치에서 다른 사람들과 섞여 있거나 나무 등 장애물 때문에 그녀의 위치를 파악하기 위해서는 직선이 아닌 곡선의 감각(?)이 필요하다. 따라서 over를 집어넣는다고 생각한다.

You've got a point there.
네 말 거기에 요점(중요한 대목)이 있다. → 네 말에 일리가 있다.

대화할 때 상대방의 말에 수긍하거나 의표를 찌르는 말에 대한 대답이다. there는 눈에 보이는 지점 즉, 일정한 거리를 둔 공간적 상황뿐만 아니라 이처럼 말의 지점을 표시하기도 한다.

지금까지 there의 1차적인 쓰임을 살펴봤다. 이번에는 there가 해석되지 않는 문장들에 대해 알아보도록 하자. 바로 여기서의 there 또한 영어와 한국어 사이의 대표적인 language gap의 한 예라고 생각한다. 그래서 대부분의 문법 책에서 문장 맨 앞에서 주어로 쓰는 there나 it을 '가주어' 라느니 '형식적 주어' 라느니 하는 용어를 사용하여 설명하고 있는 것이다. 이는 우리말로 번역할 때 해석되지 않기 때문일 것이다. 하지만 there

is(are)를 무시하지 못하는 것은 회화를 하든 책을 읽든 영화를 보든 접하고 사용해야 할 경우가 많기 때문이다. 따라서 그 감각을 익힐 필요성이 분명히 있다.

새로운 언어 습득이 쉽지 않은 것은 눈에 보이거나 쉽게 이해할 수 있는 간단한 1차적 의미보다는 2차적인 것 즉, 눈으로 보이지 않는 의미나 감각을 느끼고 파악하여 스스로 소화해야 하기 때문이다. 따라서 부단히 노력해서 체계화systematization시키는 과정이 필요하다.

there이 해석되지 않을 때에는 '사람이나 사물 등의 상태'를 뜻하는 상황에 쓰인다고 보면 무난할 것이다. 다만 상태를 말해 줄 뿐 번역상으로는 드러나는 의미는 없다.

① There is an orange on the table.
② There is my car in the garage.
③ There are many cans of coke in the refrigerator.
④ There will be the soul mate for you one day.

대부분 책에서 there를 진짜 주어가 아닌 유도 부사라느니 하면서 there is(are) 뒤에 나온 명사가 진짜 주어라는 식으로 설명해 놓고 있다. 물론 틀린 말은 아니다. 하지만 뭐 그리 복잡하게 공부할 필요 있는가? 가능하면 편하게, 보이는 그대로 there is(are)를 먹어 보자.

앞서 말한 대로 there는 상태가 어떠어떠하다는 것을 표현하거나 알릴 때 주로 사용하는 표현법이다. ①번은 테이블 위에 오렌지가 있다는 상태를 말한다. 여기서 잠시 on에 대해 느껴 보자. 무조건 on을 '~위에'라고 외우는 것은 좋지 않다. 접한 상태—즉 붙어 있는 상태—로 감각적으로 익히는 것이 유리하다. on은 많이 쓰는 전치사이기 때문에 그림을 덧붙이겠다.

There is an orange on the table.

②번은 내 차가 차고에 있는 상태를, ③번은 캔 콜라가 냉장고에 많이 있는 상태를 말하고 ④번은 '너의 천생연분 soul mate이 어느 날 나타날 것이다.' 정도로 해석할 수 있겠다. 여기서 'one day는 과거에 쓰는 것 아니냐? 미래니까 some day가 맞지 않느냐.' 고 의아해 하는 사람들이 있을 것이다. some day는 확실하지 않은 미래에 대해 말할 때, one day는 (과거의 일을 말할 때는 물론) 반드시 일어날 것이라고 믿는 미래를 말할 때 사용한다.

'I want to drink with you some day.'라고 하면 '언제 너와 술 한잔 마시고 싶다.' 라는, 약속이라기보다는 마실 수도 있고 안 마실 수도 있는, 별 의미 없이 한 말이 된다. 하지만 some day 대신 one day를 쓰면 틀림없이 꼭 어느 한 날 마시고 싶다는, 말하는 이의 강한 생각이나 의지마저 느낄 수 있다.

자, 이제 다시 there is(are)에 우리의 신경을 집중시키자. there is(are)가 상태를 나타낸다고 하는데 그것을 처음부터 자신의 감각 속에 집어넣고 활용해서 실전 회화에 거침없이 쓰기란 쉽지 않다. 상태라는 말을 쉽게 이해하지 못하는 어린 학생들을 어떻게 가르칠까 궁리하다가 나는 사진 찍기를 생각하게 되었다. 사진은 움직이지 않는다. 영화도 움직이는 것처럼 보이지만 사실은 한 장 한 장의 사진들이 연속적으로 모여 움직임이 일어나는 것이다.

①번은 오렌지가 책상에 놓인 순간을 찰칵! ②번은 내 차가 차고에 있는 상태를 찰칵! ③번은 냉장고 안에 콜라가 들어 있는 순간을 찰칵하고 사진 찍었다고 생각하자. 순간적으로 포착한 그 상태가 바로 there is(are)이다. 더 나아가 우리 뇌는 사진기와 비교할 수 없을 정도로 성능이 너무도 뛰어나서 심지어 아직 일어나지도 않은 미래마저도 선명하게 담아낼 수 있는 세상 최고의 사진기라고 생각해 보자. ④번처럼 미래의 천생연분의 모습마저도 우리의 뇌는 선명하게 아니면, 적어도 흐릿하게나마 찍어 낼 수 있을 것이다. there is(are)를 삼키는 포인트는 바로 머릿속에서 사진 찍기이다. 찰칵! There is(are). 찰칵! There is(are).

이 감각은 보기에는 쉬운 것 같지만 소화하기는 그렇게 만만치 않다. 과거형 문장 하나를 예로 들어 보자. 'There were many people in the street.(거리에 사람들이 많더라.)' 는 사람들 하나하나가 지금이야 어떻게 움직이든 상관없이 그 당시 모습을 카메라의 렌즈lens처럼 눈으로 본 후 뇌 속에 '찰칵' 찍어 낸 것이다. 그래서 거리에 사람들이 많았던 그 순간을 이미 뇌 속에 사진처럼 찍어 두고 그것을 말로 표현하기 위해 there were를 선택했다고 생각하자. 그러면 좀 더 이해가 쉬울지도 모르겠다. 아무튼 there is(are) 형태의 문장은 사람이나 사물 등의 상태를 나타낼 때 쓰인다.

같은 듯 다른 it

　　it의 기본적인 뜻은 '그것'이다. 문맥이나 위치에 따라 '그것(은/는/을/이)' 정도로 해석할 수 있다. 이것이 it의 첫 번째 의미이다. 다음은 it이 소위 '비인칭 주어'로 사용될 때다. 날씨, 거리, 시간, 명암, 요일, 계절, 일의 진척 등에 있어서 마땅히 쓸 만한 주어가 없을 때 주어 자리를 메워 주

는 역할을 한다는 것이 기본 개념이다. 세 번째로 살펴볼 것은 이들 중 가장 어렵게 느껴지는 것으로 보통 가주어, 가목적어라 불리는 것들이다. 이제부터 이들을 하나하나 알아보기로 하자.

• **it의 기본**

예문을 통해 it의 가장 기본적인 뜻을 가볍게 짚어 보고 다음으로 넘어가자.

① I went to 하나 middle school. It's in 대전.
② Where is the key? It's in my pockct.
③ Do you like math? I don't like it.

①번은 '나는 하나 중학교에 다녔다. 그것은 대전에 있었다.' 라는 문장이다. 우리말과 마찬가지 원리이다. 앞서 '하나 중학교에 다녔다.' 고 말했는데 또 '하나 중학교는 대전에 있었다.' 고 말할 필요가 없다. 하나 중학교를 it으로 받는 것이 간편하다.

②번 역시 ①번과 같은 원리로 the key를 대신해 it을 썼다. '그 열쇠는 (가) 내 주머니 안에 있다.' 는 말로 the key를 간단히 it으로 받았다.

①②번의 it이 모두 주어로 쓰였다면 ③번의 경우는 목적어로 쓰였다. 이

역시 우리말과 같은 원리이기에 아무런 어려움이 없다. '너 수학 좋아하냐?'는 질문에 '나는 수학을 좋아하지 않는다.(I don't like math.)'라고 대답할 것을 it을 써서 '나는 그거 안 좋아해.'라고 받았다.

• **비인칭 주어 it**

마땅히 쓸 만한 주어가 없을 때 넣어 준다. 아무런 뜻 없이 문장 형식을 갖추려고 넣어 주는 허울뿐인 주어 the subject in name only 라고 보면 된다. 예문들을 보도록 하자.

It's pink. 분홍색이다.

It's 11 o'clock. 11시 정각이다.

It's Sunday. 일요일이다.

It's about 40 kilometers from here to 조치원.
여기서부터 조치원까지는 대략 40킬로미터다.

It's too cold to go out hunting. 사냥하러 나가기에는 너무 춥다.

앞서 말한 것처럼 위 예문에 나온 it은 아무런 뜻 없이 그저 비어 있는 주어의 자리를 메워 주는 역할을 하는 허울뿐인 주어이다. 여러 번 반복하여 듣고 읽고 말하다 보면 자연스럽게 몸에 익는 문장들이기에 더 이상의 예문도 설명도 하지 않겠다.

• 허수아비 it

가주어에서 가(假)라는 말은 거짓, 진짜가 아닌 것을 의미한다. it이 진짜가 아닌 가짜 주어로 나오고 진짜 의미를 가진 주어는 그 문장 안에 따로 나온다는 것이다. 그렇지 않아도 영문법 소리만 들으면 머리 아픈데 도대체 왜 진주어니 가주어니 해서 영어를 더욱 복잡하게 만드는 걸까? 굳이 쓴다면 개인적으로 진주어라기보다는 진짜 주어라는 말을, 가주어보다는 가짜 주어라고 사용하고 싶다. 어쨌거나 일단 예문부터 보기로 하자.

① That he was a very famous poet was true.

❶ It was true that he was a very famous poet.

② To squabble with your little kids almost everyday is pretty funny.

❷ It's pretty funny to squabble with your little kids almost every day.

③ It's kind of you to say so.

④ It's unbelievable that 명혜 dumped 정호.

①번보다는 ❶번이 회화나 작문composition 등에서 압도적으로 많이 쓰인다. ①번이 쓰이는 경우는 드물다. ❶번에 it을 맨 앞인 주어 자리에 쓴 이유는 간단하다. ①번에서는 was 앞인 'That ~ poet'까지 모두 주어 구간이다. 주어가 너무 길다. 주어가 길어지면 말하기도 불편하고 듣는 사람이 듣기에도 불편할 뿐만 아니라 이해하기도 힘들다. 차라리 ❶번처럼 허수아비scarecrow 가짜 주어를 내세우는 것이 훨씬 편하다. 누이 좋고 매부 좋기 위해 허수아비 it을 앞에 넣어 주는 것이다.

언어는 편리함을 추구한다. 그 크고 작은 증거들이 이 책의 골자main point 중 하나이다. 물론 나는 정형화된 문법으로만 따지지 않을 것이다. 직접 적절한 우리말로 바꾸어 위 ①번과 ❶번의 문장을 비교해 보자.

① 걔 엄청 유명한 시인이었다는 거 사실이더라.
❶ 그거 사실이더라, 걔 엄청 유명한 시인이었다는 거.

나는 ①번이 아닌 ❶번을 쓴다. ①번은 ❶번에 비해 흥미 유발이나 긴장감이 떨어진다. 또한 ❶번이 말을 하는 데 있어 호흡하기에 용이하다. 여하튼 간에 행여나 ①번이 ❶번 보다 좋다고 생각이 들면 여러 번 소리 내어 읽어 보시길 바란다. 서로 다른 느낌이 들 것이고 아마 ❶번이 더 낫다는 생각이 들 것이다.

chapter 4 직역부터 잘하세!

❷번 역시 ❶번과 마찬가지 이유와 원리로 문장을 바꾼 것뿐이다. 이 또한 주어가 너무 길어지지 않게 해서 의사소통을 보다 편안하고 원활하게 하기 위하여 의미 없는 it을 주어 자리에 써주고 나중에 그 진짜 의미를 나타내는 주어를 써준 것이다. 번역으로 이에 대한 설명을 마치고자 한다. 이해를 돕기 위해 약간의 의역을 가미하였다. ②번과 ❷번을 편안하게 여러 번 읽어 보고 어느 쪽이 더 자연스러운지 느끼고 확인해 보시길 바란다.

② 너네 쪼그만 꼬맹이들 하고 거의 매일같이 실랑이(말다툼)한다는 게 엄청 웃겨.
❷ 그저 엄청 웃겨, 니네 쪼그만 꼬맹이들하고 거의 매일같이 실랑이한다는 게.

다음은 ③번과 ④번이다.

많은 책들이 이 문장에 쓰인 'of you'가 'to say so'의 의미상의 주어이고 'to say so'는 it의 진주어라는 식으로 설명하고 있다. 의미상의 주어라느니, 진주어라느니 하는 용어에 신경 쓰기보다는 그 실체를 파악하는 데 주력하자.

❸번은 '너 자체(of you)가 친절하다, 그렇게 말을 하니.(to say so)' 정도의 구조이다. 좀 더 편안하게 어느 정도 의역을 가미해서 번역하면 '그

115

렇게 말해 주다니 친절하네.' 정도가 된다. 앞의 예문들과 마찬가지로 허수아비인 it을 맨 앞 주어 자리에 앉혔다. 그 it의 내용은 'to say so'이다. 따라서 'of you'가 'to say so'의 의미상의 주어라 불리는 것은 당연한 것이다. 그렇게 말을 하는(to say so) 주체가 지금 말을 하고 있는 I가 아닌 그 대상인 you이기 때문이다. 표면적인 용어 따위에 치우치지 말고 내용 연구에 주력하자. 용어야 모르면, 또 잊으면 어떤가? 내용만 제대로 알고 쓸 수 있다면! 나무가 아닌 숲을 보도록 애쓰자.

  ④번을 일단 번역해 보면 '믿을 수 없네, 명혜가 정호를 찼다니.' 정도가 된다. 앞선 ③번에서는 'to say so'가 진짜 주어였다면 여기서는 'that 명혜 dumped 정호'가 it의 진짜 주어인 것이다. 곧 명혜가 정호를 찬 것이 it의 실체인 것이다. 명혜가 정호를 찬 것, 그것(it)을 못 믿겠다는 말이다.

  it이 가짜 주어로 쓰였든 아무 뜻도 없는 허수아비 비인칭 주어로 쓰였든 궁극적으로는 언어 사용의 편리함을 추구하기 위한 것임을 충분히 느끼셨기를 바라는 바이다.

 영어에는 공손한 말이 있다? 없다?

우리말은 공손하게 표현할 수 있는 방법이 많다. '밥'을 '진지'로 바꾼 것도 모자라 동사까지도 바꾼다. '먹다'를 '들다' '드시다' '자시다' 등으로 바꾼다. 존대에도 차이가 있어서 '들다' 보다 '자시다'가 존대의 정도가 높다. 이것 말고도 우리가 모르는 별의별 존칭어에 심지어 극존칭어까지 있다.

일본어도 우리말처럼 존칭이 발달했는데, 우리말에 나를 낮춰 상대를 높이는 말로 '저'라는 말이 있듯이 일본어에도 나를 일컫는 '와타시わた し'는 상대에 따라 낮춰 '와타쿠시わたくし'라는 말로 변한다. 또한 명사 앞에 '오お'니 '고こ'를 붙여 공손한 표현을 만들어 낸다. 심지어는 날씨天気나 돈かね 같은 말마저도 높인다.

많은 언어를 접해 보진 않았지만 세상에서 우리말과 일본어처럼 존댓말이 복잡하게 발달한 언어도 드물 것이다. 내가 조금이나마 익혀 본 몽골어, 러시아어, 독일어에서도 우리말 구조와 비슷한 존대의 형태는 듣고 보지를 못했다. 우리말을 깎아내리고자 하는 의도에서 이런 말을 하는 것이 아니라 모국어mother tongue인 우리말을 냉정하고 제대로 이해해야만 다른 언어를 배우는 데 효율적effective이기 때문이다. 아주 어렸을 때부터 영어를 배운 것이 아니라 어느 정도 나이가 들고 영어를 시작했다면 우리말과 영어가 어떻게 다르고 어디가 비슷한지 알아

117

야 더 쉽게 배울 수 있다.

 내가 알기로 우리말은 습득 난이도가 전 세계 언어 중에서 중상 정도쯤 된다. 가장 배우기 어려운 말로는 글자 모양조차 따라 그리기 힘든 아랍어와 글자 수가 많은 중국어 그리고 나도 중간에 포기하다시피 한 러시아어를 많이 꼽는다. 러시아어는 단어도 긴 편이고 변화도 심한 데다 사람 이름조차 상황에 따라 변한다. 여담by-talk이지만 러시아에서 잠시 사귀었던 여자의 이름이 '스베따'였는데 전화상에서는 '스베뚜'가 되는 등 골치 아파 죽을 지경이었다. 어쨌든 우리말과 일본어에서 존대어가 이처럼 발달한 것은 별종이라면 별종이다. 아마 다른 언어를 구사하는 사람들에게는 희한하게 느껴질 수도 있을 것이다.

chapter 4 직역부터 잘 하세!

영어는 우리말이나 일본어와는 본질적으로 체계가 다르다. 다른 문화권 안에서 발생하고 발전되어 온 것이기 때문이다. 영어는 기본적으로 존댓말term of respect 자체가 거의 없다. 기껏해야 sir, ma'am정도가 있고 다른 존칭으로는 master나 sire(황제를 부르던 존칭, 폐하), lord(왕, 지배자, 하느님) 정도가 있을 뿐이다. 수많은 명사들 중에서 단어 자체에 존대를 담고 있는 것은 극히 적다. 우리말과 비교하면 없다고 해도 과히 틀린 말이 아닐 것이다.

brother와 sister 역시 영어와 우리말 사이의 language gap을 보여 주는 대표적인 말이다. brother와 sister는 손위, 손아래 형제를 모두 나타내는 말이기 때문이다. 형은 elder brother이고 남동생은 younger brother이다. 이에 비해 sister는 우리말로 번역하기에 훨씬 편리하다. 언니든 여동생이든 상관없이 쓸 수 있는 우리말이 있기 때문이다. 바로 누이가 그것이다. 이와 같이 이러한 사소한 단어에서조차 우리말처럼 존대에 따른 구분이 없다. 심지어 동사에서는 존대를 아예 찾아볼 수 없다. 아주 먼 고대ancient times에는 있었을지 몰라도 지금은 없다. 있었다면 그것은 그 나라 학자들이 연구할 몫이다. 우리는 당장 현실적으로 쓰는 것만을 알기에도 벅차다. 영어를 통해 세상을 즐기고 삶을 누리기에도 시간이 부족하다.

영어에는 존대나 공손을 뜻하는 특별한 말은 없지만 동사를 돕는 동사 즉, 조동사auxiliarly verb에는 나름대로 공손을 뜻하는 표현이 있다. 조동사

119

에는 shall, should, may, might, can, could, will, would, must 등이 있다. 이 중 may는 '~해도 좋은가?' 라는 의미로 말 자체에 공손함을 지니고 있지만 내가 제일 주목하는 것은 can과 will의 과거형에서 발달한 could와 would이다. could나 would는 단순히 과거만 의미하는 것이 아니라 공손함을 표시하기도 한다. 곧, 현재형에 비해 실현 가능성이 떨어지는 과거형 could나 would를 써서 상대방에게 의향을 물어 볼 때 상대방이 거절refusal하거나 부정적인negative 대답을 하더라도 덜 미안하게 하려는 배려의 차원에서 활용된 것이라 본다. 앞서 살펴본 바와 같이 우리말과 일본어와는 출생 배경부터 다르다.

① May I speak to Trace? 내가 트레이스와 말해도 되겠니?
② Can you bring me a glass of water? 너 나한테 물 한 잔 가져다줄래?
②-1 Could you bring me a glass of water?
너 나한테 물 한 잔 가져다줄 수 있겠니?
③ Will you pass me the salt? 소금 좀 건네줄래?
③-1 Would you pass me the salt? 소금 좀 건네줄 수 있겠니?

①번은 may를 사용하여 확실하지 않은 추측을 한다. 그렇게 해서 공손의 의미를 담는 것이다. 확실하지 않은 추측성 질문을 해서 상대방에게 부

담감을 줄이고 비교적 편안하게 해 주는 하나의 언어적인 장치라고도 볼 수 있다.

②-1번은 could를 써서 '너, 나한테 물 한 잔 가져다줄 수 있겠니?' 정도로 해석할 수 있다. 그동안 could나 would로 물어보는 말을 존댓말로 해석해서 '저한테 물 한 잔 가져다줄 수 있겠어요?' 라고 의역하는 분들을 많이 봤다. 물론 독자나 학생들의 이해를 돕기 위한 수단으로 사용하겠지만 나는 영어 자체에 존댓말이 없다는 원칙 아래 가능한 한 원래의 뜻에 가까운 번역을 해서 어감에 익숙해지는 것이 좋다고 생각한다. 그리고 조금이라도 영어라는 녀석을 원래 모습 그대로 벌거벗겨 생긴 그대로의 모습을 보여 주고자 하는 의도이기도 하다.

③번은 '소금 좀 건네줄래?'로 ③-1번은 would를 써서 '소금 좀 건네줄 수 있겠니?' 정도로 바뀌었다. ③번에 비해 공손한 표현이기에 좀 더 부드러운 해석이 가능할 것이다. 원리는

위의 ②번이나 ②-1번과 비슷하기에 따로 설명하지 않기로 하겠다.

 친절한 가정법

서양인들이나 동양인들이나 모두 다 사람인지라 현실을 살아가면서도 상상imagination이라는 끈을 놓을 수는 없나 보다. 가정假定이라는 말을 살펴보면 가정의 가假자는 1차적으로는 '거짓'을, 2차적 의미로는 '있지 않음'을 뜻하는데 여기서는 '있지 않음'의 뜻으로 쓰였다. 정定자는 '정함'을 의미하니까, 가정은 있지 않는 것을 있는 것처럼 정하는 것이라고 할 수 있다. 때문에 현재 말을 하고 있더라도 일어날 가능성이 낮다.

could, would가 1차적으로는 과거를, 2차적으로는 공손함을 나타내지만 특히 if와 어울리게 되면 '가정'이라는 상황을 설정하게 된다. 그 상황이 현실적으로 일어나기 힘들다는 거리감을 조성하기 위해 과거형을 써주는 것이다. 이를 우리말의 존댓말과 비교해 보면 답이 어느 정도 나온다.

아무리 나이 차이가 많이 나더라도 할머니나 엄마, 아빠에게는 반말을 하는 경우가 적지 않다. 내게도 친근감을 표시하고 싶은지 반말을 쓰는 학생들도 꽤 여럿 있었다. 반말은 공손한 말에 비해 상대방과의 거리감이 적다. 존댓말은 비유하자면 내용물에 일종의 포장을 씌운 것이라 할 수 있다.

나도 내내 학생들한테 반말로 설명하다 아이들이 너무 떠들어 수업을 못할 지경이면 경고를 몇 번 하다가 존댓말로 말하는 경우가 꽤 있었다. 선생인 나와 지나치게 친밀감을 느껴 경고조차 별로 신경 쓰지 않는 학생들에게 거리감을 심어 주기 위한 조치였고 대부분 잘 통했다.

우리말이 존댓말과 반말 사이에 거리감이 있는 것처럼 영어 역시 일종의 포장 역할을 하는 표현이 있다. 바로 앞서 살펴봤던 '공손한 표현'이 그렇고 지금 살펴보고자 하는 가정법도 마찬가지이다. 이렇게 생각하면 어렵게만 느껴지는 가정법을 조금이나마 더 쉽게 이해할 수 있지 않을까 싶다.

가정법은 영어로 the subjunctive mood라고 하는데 여기서 mood를 원래 느낌보다는 좀 더 강한 느낌이 드는 '법法'이라는 말로 번역한 것이다. 내가 죄가 많아서 그런지 법하면 무언가 틀 안에 갇히고 경직된 느낌이 든다. 어쨌든 우리는 이 mood를 마치 우리말처럼 자연스럽고 분위기 있다는 뜻으로 많이 쓰는데 따지고 보면 원뜻과는 다소 다르게 사용하는 경우가 적지 않다. 일례로 고급 식당 같은 데 가면 '무드 좋은데.'라고 말하는 것을 심심찮게 듣게 된다. 원래 mood는 마음의 상태를 말할 때 사용하는 말이다. 이 경우에 있어서는 마음의 상태가 아닌 외적인 분위기를 뜻하기 때문에 atmosphere가 맞다. 곧, 'It's nice mood.' 가 아니라 'It's nice atmosphere.' 라고 해야 옳은 표현인 것이다.

이제 본격적으로 예문을 통해 가정법을 알아보기로 하자.

① I wish I were a dragon.
② I wonder if you love me.
③ If you were handsome, she would propose to you.
④ If I had spoken Russian well, I would have succeeded.

①번은 wish를 써서 '내가 용(龍)이었으면' 하는 바람을 담았다. wish나 hope 모두 '바라다' '희망하다'라는 뜻으로 우리말로는 거의 비슷하게 번역되지만 물론 차이는 있다. wish는 hope에 비해 훨씬 실현될 가능성 possibility이 낮은 상황에 주로 쓰인다. 그렇기 때문에 wish가 나오면 과거형 문장이 많이 나오는 것이다. 예를 들어 'Will she die?(그녀가 죽을까?)' 라고 묻는다면 대답으로 'I hope not.'보다는 'I wish not.'이라고 대답하는 것이 훨씬 살아날 가능성이 큰, 긍정적인 대답이 된다.

한편, 가정할 때 be동사일 경우 항상 were를 써준다고 하지만 회화에서는 1인칭과 3인칭 단수일 경우는 was를 써줘도 전혀 문제될 것이 없다. 따라서 were 대신 was를 써서 'I wish I was a dragon.'이라고 써도 된다.

②번은 if라고 해서 무조건 과거형 내지는 과거완료를 쓴다는 식의 강박관념obsession을 가지고 있는 사람들을 생각해 만들어 본 문장이다. '나는 네가 만일 나를 사랑할지 궁금하다.' 정도의 문장이다.

여기서 loved를 쓰지 않고 현재형인 love를 쓴 것은 당연하다. 내가 설명하기 이전에 지금 바로 당신이 그런 상황에 있다고 생각해 보라. 그녀(그)가 나를 사랑하는 것 같기도 하고 아닌 것 같기도 한 느낌을 연애를 해본 사람이라면 알 것이다. 그녀(그)가 나를 사랑할 확률이 때론 50퍼센트percent를 넘어 100퍼센트일 거라고 확신이 들기도 하다가도 때로는 또 정말 그녀가 나를 사랑하기나 하는 건지 긴가민가할 때가 있다. 아무튼 그녀(그)가 지금 나를 사랑할 확률이 서시 않고 불가능한 것이 아니기에 현재형인 love를 써주는 것이다.

잠시 여기에 쓰인 wonder라는 단어를 살펴보자. 명사noun로는 놀라움, 경이, 경탄, 기적이란 뜻을, 동사로는 이상하게 여기다, (~에, ~을 보고) 놀라다, 경탄하다, ~이 아닐까 생각하다 정도의 뜻을 가지고 있다. 다소 복잡하지만 곰곰이 생각해 보면 이것 또한 모두 연관성이 있다. 예를 들어 대단한 실력을 지닌 마술사magician의 쇼show를 본다고 하자. 그의 마술을 눈으로 보면서도 믿을 수 없는 사람들은 대부분 경탄하고 놀라워하며 신기하게 생각할 것이다. 기적이라고 여기는 사람들도 있을 것이다. 구경하는 사람들 중에는 나같이 호기심 많고 분석적인 성향을 가진 사람들도 있어서 도대체 어떤 기술을 사용해 저렇게 신기한 일이 벌어질까 하고 궁금해 하며 고개를 갸웃거리기도 할 것이다. 이 모든 것들이 다 wonder의 의미이다. 나는 wonder의 의미를 이해하는 중심에 '의아'를 놓는다. 의아疑訝란 의심스럽고 이상하게 여기는 마음 혹은 생각을 뜻한다. 놀라움도 경이로움도 경탄도 기적도 모두 마음이나 생각의 의아함에서 나온다. 의아한 마음이 들면 도대체 왜일까 궁금해지는 것이 사람 심리이다.

이 wonder에 뿌리를 두고 wonderful이 나온 것은 지극히 당연한 것이다. 의아한 것들이 연거푸 눈앞에서 가득(full) 일어난다면 대단하다, 굉장하다, 훌륭하다는 생각이 저절로 들 것이다. 그래서 특히 회화에서 이 wonderful은 대단한, 굉장한, 훌륭한이라는 의미로까지 확장해서 주로 사용한다.

결국 wonderful은 wonder(의아) + full(가득 찬)에서 l이 하나 없어지면서 만들어진 말이다. 우리말의 하느님, 따님이 원래 하늘님, 딸님에서 ㄹ이 탈락해서 만들어진 것처럼 이와 비슷한 원리라고 보면 크게 무리는 없을 것이다.

주저리주저리 길어졌는데 이제 다시 예문으로 돌아가 보자.

③번은 '네가 잘생겼더라면 그녀가 너한테 프러포즈 했을 텐데.' 정도의 뜻이다. 그렇다면 왜 여기서는 지금 현재 상황을 말하고 있는데도 과거형

을 써서 표현하고 있을까?

앞에서도 설명한 것처럼 영어는 우리말이나 일본어와는 다른 사고 체계를 가지고 있다. 즉 영어에서는 과거라는 형식을 빌려 실현될 가능성이 낮음을 표현한다. 그래서 대부분의 책들에서 '현재 사실과 반대를 가정'한다고 나와 있는 것이다. 하지만 나는 현재와 완전히 반대되는 상황이라고는 생각하지 않는다. 멀리 갈 것도 없이 바로 위의 ③번의 경우를 보아도 남자가 잘생긴 것은 분명 아니지만 handsome의 반대말인 ugly를 쓰지 않은 것을 보면 또한 ugly도 아니다. 물론 ugly일 수도 있다. 하지만 못생기지도 잘생기지도 않은 그저 그런 so-so 외모일 수도 있는 것이다.

아무튼 지금 내가 보아하니 네 얼굴이 잘생겼다고는 생각할 수가 없고, 네가 지금 당장 잘생겨진다는 것은 실현 가능성이 떨어지기 때문에 과거형으로 써준 것이다. 그녀 역시 우선 조건으로 네가 잘생겨야 propose한다는 불가능한 조건을 달고 있기 때문에 당연히 과거형을 써 주는 것이다.

④번과 같은 문장 형식은 문법 책에서 보통 '과거 사실의 반대를 가정'한다고 설명한다. 이 말은 조금 달리 생각해 보면 말하는 시점이 '현재가 아닌 과거' 라는 의미를 포함하고 있다.

나는 러시아에서 1년여 동안 한국어를 가르치다 그만두고 장사를 시작했다 쫄딱 망한 경험이 있다. 위 문장은 내 개인적인 경험 experience을 바탕으로 만든 것이다. 사업 운도 돈복도 지지리 없는지 우리나라가 IMF를 맞은 이듬해 내가 장사를 시작하자마자 러시아는 바로 지불유예Moratorium을 맞았다. 지불유예가 뭐냐면 쉽게 말해 IMF가 제발 도와달라고 구걸하는 처지라면 Moratorium은 말이 점잖아 지불유예이지 막말로 비유하자면 '나 돈 없으니 배 째라!'는 것이다. Moratorium이 IMF보다 더 살벌하다는 느낌이 든다.

나는 사업이 망한 이후로 러시아에 간 적이 없다. 따라서 지금 대화하고 있는 시점은 현재지만 대화의 내용 자체는 현재가 아닌 과거, 내가 러시아에 있던 때이다. 게다가 그 당시에 내가 이전에는 러시아어를 잘하지 못했던 상황이었던 만큼 시제도 한 단계 더 내려가야 옳을 것이다. 이에 따라 'had + spoken' 즉 과거분사past participle를 사용했다. 그리고 뒤에 이어지는 문장에서는 일단 과거형의 조동사 would를 써 준 후 have succeeded로 문장을 이어 준다. 문장의 앞부분에서는 if가 가정문이라는 것을 나타내면서 상황에 맞는 시제를 택해 문장의 흐름을 조절하고 이어지는 문장에서 would가 시제의 균형을 맞춰 주고 동시에 if를 받아 if의 영향 아래 있는 문장임을 알려 주는 것이다. 과거분사에 대한 자세한 것은 chapter 7에서 자세히 알아보기로 하자.

④번의 경우 would를 써서 '성공했었을 텐데'라고 말했다면, would 대신 could를 쓴다면 '성공할 수도 있었을 텐데' 정도로 의미가 조금 바뀌고

might를 쓰면 성공 가능성이 낮았을 것이라고 추측하는 경향이 강해진다. 따라서 might를 넣으면 '성공했을지도 모르는데' 정도로 해석된다. 문맥상 should를 넣기에는 어색하다.

should에 대해서 미국인 친구에게 자문을 구해 보니 미국보다는 영국에서 사용하는 용법usage같다고 했다. 그는 영문학을 전공major하고 지금은 아랍에미리트의 한 대학에서 영어를 가르치고 있다. 그런 그도 문법에 크게 자신 없어 하는 것을 보면 재미있다는 생각이 든다. 어쨌건 should에 대한 기본 개념부터 파악한 후 왜 위의 문장에서 would 대신 should를 넣으면 어색한지 알아보기로 하자.

대부분의 사전에는 'should는 shall의 과거형이지만 지금에 와서는 거의 가정법 전용exclusive use의 조동사가 되어 버린 결과 현재형 shall에 대응하는 경우는 극히 적다. 미국에서는 should를 shall의 과거라기보다는 거의 독립된 하나의 조동사로 본다.' 정도로 설명되어 있지만 원래의 기본 의미는 기본형인 shall에서 시작되었음이 분명할 것이다. 잠시 shall을 살펴보면서 should의 기본적 의미까지도 파악해 보기로 하자.

〈Shall we dance?〉라는 일본 영화가 있었다. '우리 춤출래?' 정도의 의미이다. 그런데 왜 여기서 shall을 썼을까?

shall이 쓰인 것은 내 뜻이나 의지가 아닌 상대방의 의지나 뜻에 따라 결정되는 상황임을 나타낸다. should 또한 비슷한 뿌리에서 나온 단어이기에 비슷한 상황에서 쓰인다. 비록 내가 춤을 추자고 제안suggestion하기는 하지만 춤을 출지 말지를 결정하는 것은 내가 아닌 상대방이다. 위의 ④번문장에서도 could 대신 should를 쓴다면 내 의사나 내 뜻이 아닌 하늘의 뜻이나 상황situation, 환경에 따라 내가 성공할 수 있었을 것이라는 뜻이 된다.

또한 should는 '~을 해야 한다' 는 당위성을 나타내기도 한다. 'You should go home.(너는 집에 가야(만) 한다.)' 이 그 예이다. 이보다 더 피부에 와 닿을 만한 표현으로는 회화에서 많이 쓰이는 말로 'I'm the one who should be sorry.' 라는 표현이 있다. 우리말로 번역하자면 '내가 그 하나지(바로 그 당사자이지), 미안해 할. → 미안해 할 사람은 나지.' 정도로 가능하다. 여기서도 should는 마땅히 그렇게 해야 한다는 당위성을 지니고 있다.

특히 should 다음에 'have + 과거분사' 를 쓰는 경우는 '과거에 있었던 일에 대한 유감 내지는 후회를 나타낸다며 ~했(었)어야 했는데' 라는 뜻이라고 하면서 무조건 외우라고 한다. 하지만 나는 무조건 외우지 못하는 족속이다. 왜 이런 뜻일까 며칠 동안의 고민 끝에 얻은 결론은 바로 이것이다.

추후에 한 번 더 설명하겠지만 have 다음에 과거분사를 쓰면 '과거에

chapter 4 직역부터 잘하세!

했던 행동이나 사건, 일들이 현재까지 지속된다'는 의미를 지닌다. 그리고 should는 '~을 해야 한다'는 당위성을 가지고 있다는 것을 조금 전에 살펴보았다. 이 두 가지를 조합해 보면 그런대로 납득할 만한 답이 나온다.

곧, 'have + 과거분사'가 과거에 했던 행동이나 사건, 일들이 현재까지 영향을 미치고 또 should라는 마땅히 해야 한다는 당위성을 지닌 단어를 그 앞에 넣음으로 해서 당연히 '~했(었)어야 했는데' 라는 의미가 성립될 수 있는 것이다. 과거에 하지 않았거나 하지 못했던 사실(일)이 지금까지도 미련이나 후회로 남는다는 의미가 성립되는 것이다.

should든 would든 간에 나는 러시아에 살던 그때 러시아어를 잘 못한 것이 사업 실패의 한 요인이었다. 어쨌건 ④번에서 should가 들어가기는 어색하다. '내가 러시아어를 잘했다면 나는 성공했어야 했는데' 정도의 의미가 되어 문장 전후 관계나 번역상에도 어색함이 있다.

 ## 난 죽지 않아 I'm not gonna die like this

going to는 chapter 5에서 다룰까 생각도 하다가 language gap도 꽤 크게 느껴지기에 미리 예습도 할 겸 여기에 넣었다. 일단 예문들을 보기로 하자.

① I'm going to Seoul tomorrow.
② It's going to rain the day after tomorrow.

chapter 4 직역부터 잘 하세!

③ We are going to get married.

④ I'm not gonna see your face again.

⑤ I'm not gonna die like this.

going to는 별 다른 게 있는 놈이 아니다. go에 ing가 붙으면 '가고 있는 중'이라는 것은 누구나 잘 알고 있다. 이것 또한 우리와는 다소 다른 서구인들의 사고방식에서 기인한다. ①번을 직역하면 '나는 내일 서울 가고 있는 중이다.'이다. 가고 있다는 동작을 집어넣어 'I go to Seoul tomorrow. (나는 내일 서울 간다.)'의 기본형 문장보다 서울에 갈 것이라는 사실을 더욱 확실하게 해준다.

②번의 경우 또한 내일 이후의 날(the day after tomorrow) 곧, 모레 비가 내릴 것이라는 문장이다. 아직 오지 않은 미래지만 비가 오는 중이라는 말을 써서 비가 올 것임을 예감하거나 비가 올 확률이 높음을 시사한다.

③번의 경우는 '우리가 결혼한다.'는 사실을 ④번은 '네 얼굴을 다시는 안보겠다.'는 것을 ing형 특유의 동작성을 가미해서 뜻을 강하게 만든다. 한편, ④⑤번에서 going to 대신 쓴 gonna는 회화에서 많이 쓰는 말이다. gonna가 발음이 간단하고 빠르기 때문에 gonna를 사용하는 사람들이 많다. 나도 애용하는 편이다. 이외에도 want to를 wanna로도 많이 쓰는데 주의할 것은 격식을 따지지 않는 informal 장소나 상황에서

주로 쓴다는 것이다. 다소 가볍고 경박스러워 보이는 경향이 있으므로 공식적인formal 상황에서는 쓰지 않는 것이 좋을 듯하다.

⑤번의 경우는 십여 년 전부터 내가 힘들 때마다 나 자신에게 자주 했고 지금도 자주 하는 말이다. 수백 번도 넘게 말했으니 힘든 일이 적지 않았던 삶인 것 같다. '나는 이처럼 죽는 쪽으로 가고 있지 않다.' 즉, '나는 이대로는 죽지 않겠다.' 는 말이다.

going to 즉, '가고 있는 중'이라는 표현을 이용해 꼭 가겠다는 강한 의지를 드러내고 있는 것이다.

 How did your day go?

회화에서 go는 생각 외로 폭넓게 많이 쓰인다. 위의 문장은 '너의 날이 어떻게 갔니?' 곧, '오늘 하루 어땠어?'라는 의미이다.

예전에 내가 6주 정도나마 처음 캐나다에 갔을 때 혼자 헬스클럽gym에 가서 운동하곤 했다. 그때 거기서 만난 캐나다인들과 이야기할 기회가 많았다. 어느 날인가는 나를 가르치는 선생을 거기서 우연히 만났는데 그가 처음 내게 건넨 인사말이 'How's it going?'이었다. 뜻이 뭔지 몰라 당황하며 머뭇거리니 그는 내가 해야 할 대답도 대신 해주었다. 'Good! Good! huh!?' 좋아! 좋지, 응!?

내가 대답을 하지 못한 이유는 go의 활용도를 미처 알지 못했기 때문이었다. 특히 회화에서 go가 사용되는 범위는 생각 이상으로 넓다. 'How are you?'라는 기본적인 인사말 대신에 'How's it going?'이란 표현을 일상에서 적지 않게 쓰고 있다. go가 쓰인 표현을 좀 더 살펴보자.

I hope things are going well for you. 내가 희망하길, 너를 위한 일들이 잘 가고 있길 바래. → 바라건대 네 일들이 잘되길.

그리고 보니 우리말과도 유사한 면이 있다. 우리말로 '걔 요즘 잘나간다.'는 것은 걔 요즘 일들이 잘 풀리고 인정도 받고 있다는 의미를 담고 있다. 이런 의미에서 보면 '네 일이 잘 나가길(잘 풀리길) 바래.' 정도로 해석해도 전혀 무리가 없다.

They will go for that. '그들은 그것을 위해 갈 거야.' → '걔들 그거라면 넘어갈 거야.' → '걔들 그거 (너무너무) 좋아할 거야.'

Go ahead.
ahead는 앞쪽에, 앞으로 정도의 의미를 지닌다. 직역하자면 앞으로 가라는 뜻이다. 여기서 앞에 가라는 것은 '먼저 하라.'는 의미이기도 하다. 이외에도 무언가 해도 되겠느냐고 물어보면 그 대답으로 '어서 하쇼.'라는 뜻으로도 곧 잘 쓰인다. 상황에 따라서는 어서 하라고 재촉할 때도 사용할 수 있는 표현이다.

Heartbreaking English

Fish goes well with white wine.

'생선은 백포도주와 (잘) 나가지.' 즉 '생선은 백포도주와 잘 어울리지.' 라는 말로 여기서는 우리말로 '어울린다' 는 표현이 더 어울리는 것 같다. 앞서 살펴보았던 예문들과는 의미가 조금 다르게 사용됐다. 포도주를 좋아하시는 분이라면 백포도주는 생선에, 적포도주는 소고기 등의 육류와 잘 어울린다는 것을 익히 잘 아실 것이다.

Moviegoer, concertgoer, party-goer.

신조어로 goer라는 말이 생겨났다. 직역하자면 '가는(go) 사람(er)' 이라는 말이다. 이는 '~을 좋아해 자주 가는 사람' 이라는 뜻으로 사용된다. 스스로 가는 사람이라면 좋아서 그럴 것이다. moviegoer는 영화가 좋아 영화관에 자주 가는 사람, concertgoer는 콘서트가 좋아 자주 가는 사람, party-goer는 파티가 좋아 자주 가는 사람이다.

 How could you have sold yourself for money?

많은 사람들이 돈을 위해 자신의 많은 것을 팔아 버리거나 포기한다. 나도 결코 돈에서 자유로울 수는 없지만 너무도 돈, 돈, 돈! 하며 돈에 미친 세상 또한 안타깝기만 하다.
'어떻게 너 자신을 돈 때문에(돈을 위하여) 팔 수 있니?' 정도의 문장이다.

 Let me sleep on it.

'그것 위(on)에서 자게 해 줘.' 정도로 직역이 가능할 것이다. 이는 중요한 결정을 앞두고 생각을 할 시간이 필요할 때 많이 쓰는 표현법으로 조금만 생각해 보면 그 의미를 파악하는 데 별다른 어려움이 없을 것이다. it은 물론 그것, 문제가 되는 issue이다. 좀 더 직선적인 성격이라면 'I will sleep on it.' 정도로 말할 수 있다.

chapter 5

to 집어먹기

- to로 영어 수다쟁이 되기
- to부정사에 동사 원형을 쓰는 이유
- 외워서 더 못 쓰는 too ~ to
- to를 알게 해준 have to
- '쌤'과 got to
- seeing과 to see 견줘 보기
- how to, what to
- not to
- kicking과 to kick 맞짱 뜨기
- prefer to

chapter 5

 **to로 영어 수다쟁이 되기**

　　to는 어지간한 문법 책이든 일반 독자들을 대상으로 한 회화 교재이든 간에 큰 비중을 차지하고 있다. to는 전치사로 쓰이든 to부정사로 쓰이든 기본적으로 방향성은 항상 →이다. 즉, to가 →느낌이란 것만 잡으면 얘기는 거의 끝났다고 보아도 좋다.

　　나는 to를 소화하고 나서 영어의 수다쟁이가 될 수 있었다. 곧, 나는 to를 알고 나서 영어라는 녀석을 본격적으로 느끼기 시작했고 이를 통해 더 넓은 세상을 만나는 계기가 되었다고 하더라도 결코 과장exaggeration이 아니다. to와 이에 관련된 대부분은 김송자 선생님께서 체계화한 것이며 나는 나름대로 이를 좀 더 발전시킨 것뿐이다.

   나는 have to가 왜 '~해야(만) 한다' 라는 뜻이어야 하는지를 학원에서 돌아오는 버스 안에서 한 달 내내 생각한 적이 있다. 그러다 어느 순간 have to가 왜 '~해야(만) 한다'는 뜻일 수밖에 없는지가 머릿속에 번개처럼 꽂혔다. have to를 집어먹으니 그동안 골칫거리였던 to가 말끔히 소화되고 영어에 재미가 들기 시작했다. 작문을 하든 회화를 하든 간에 몇 달 내내 to를 의식적으로 많이 사용했다.

가뜩이나 말하기를 좋아하는 나인지라 나와 수다쟁이 to는 찰떡궁합이었다. 수다스러운 사람이 to를 쓰지 못한다면 진정한 수다쟁이 a big mouth가 될 수 없다. 그러나 한 번에 그렇게 될 수는 없는 법. 한꺼번에 다 먹겠다는 욕심을 버리고 한 걸음 한 걸음 차분하게 나아가시길 부탁드린다.

to와 from을 비교하는 것으로 첫걸음을 떼겠다.

   to와 from 하면

아주 오래전에 봤던 장 르노 주연의 영화 〈레옹Leon〉의 마지막 장면scene이 생각난다. 극중 주인공인 레옹은 죽어 가면서 타락한 형사 Stansfield에게 폭탄을 쥐어 준다. 그때 레옹은 이런 말을 했다.

This is from Matilda. 이것은 마틸다로부터 온 것이다.

영화의 전반적 상황을 고려하면 '이것은 마틸다가 준 선물(폭탄)이다.'까지도 의역이 가능하다. 여기서 from은 to와는 반대의 방향성을 가진다. to가 →으로 움직인다면 from은 ↶ 정도의 감각이다.

이를 도식화하면 다음과 같다.

This is from↶ Matilda.

to가 추진력 있게 to의 뒤에 나오는 대상이나 문장 방향으로 나아가는 반면 from은 뒤에 있는 단어를 자기 방향으로 끌어당기는 인력을 가진 녀석이다.

이번에는 to를 써서 이 문장을 조금 더 늘려 보자.

This is from Matilda to you.
마틸다로부터 이것this이 와서 네 쪽으로to 간다.

다음 예문을 보자.

I'm from 대전. 나는 대전에서 왔다. 나는 대전 출신이다.
I'm going to 서울. 나는 서울에 가는 중이다. 나는 서울에 갈 것이다.

위에서 보는 것처럼 두 문장 모두 각각 두 가지 해석이 가능하다. 상황situation과 문장의 전후 관계context에 따라 바뀔 수 있다. 여하튼 첫 번째 문장은 내가 대전에서 온 것이든 출신이든 느낌상 from 대전이고 다음 문장은 가는 중이든 앞으로 갈 것이든 간에 to → 서울이라는 감각을 느낄 수 있도록 하자.

누군가 왜 이렇게 영어는 복잡한 것일까라고 말한다면 나도 그 사람에게 반문하겠다. 우리나라 말은 복잡하지 않느냐고. 특히 존칭어, 극존칭어는 영어와 비교가 안 될 정도로 복잡하다. 게다가 간단한 단어조차 외국인들이 듣기에는 헷갈리기 딱 좋은 것들이 적지 않다. 예가 될 만한 우리말 문장 하나를 음미해 보자.

> chestnut song
>
> 눈 내리는 겨울밤night에 먹는 밤chestnut은 너무도 맛있어서 나는 밤night마다 밤chestnut을 화로에 구워 먹었다. 지금도 겨울밤night마다 어릴 적 먹던 그 밤들nights의 그 밤들chestnuts 맛이 생각난다.

언어라는 것은 수학이 아니다. 딱딱 맞아떨어지기보다는 때로는 어느 한 구석 비어 보이는 데 그 맛이 있다. 사랑하는 사람에게는 내 마음의 모든 것을 다 표현했는데도 항상 무엇인가 부족하다. 언어 또한 그런 것이다.

이왕 말이 나온 김에 언어의 이런 특성을 조금 더 살펴보자. 싫어한다hate는 말도 영어로나 우리말로나 상황에 따라서는 사랑한다는 말 이상의 표현expression이 된다. 좀 유치childish하지만 내가 사랑하는 여자가 생기면 고백declaration하려고 아주 오래 전에 준비한 말로 이를 증명하고자 한다.

chapter 5 to 집어먹기

hate song

I hate you.
I hate you so much!
I can't stop thinking of you everynight.
That's why I hate you.
Let me slap you if you hate me as much as I do.
I've been waiting for you more than a decade.
What made you come to me so late?
That's why I want to slap you once and away.

나는 너를 미워한다.
나는 너를 너무도 미워한다.
매일 밤 나는 네가 생각나는 것을 멈출 수 없다.
그것이 내가 너를 미워하는 이유이다.
내가 너의 귀싸대기를 때리게 해줘,
만일 너도 내가 미워하는 만큼 나를 그리 미워한다면.
나는 10년도 넘게 너를 기다렸다.
무엇 때문에 너는 이다지도 늦게 나타났니?
그것이 내가 처음이자 마지막으로 너를 귀싸대기 때리고 싶은 이유이다.

145

이처럼 때로는 사랑한다는 말보다 미워한다는 말이 사랑을 더 간절하게 잘 표현할 수 있다. 여기서 hate는 사랑, 그 이상의 사랑을 의미한다. 이처럼 반어적인ironical 표현을 쓰면 오히려 말하고자 하는 바를 더 극대화시킬 수 있다. 이것이 언어의 매력attraction이다. 비단 이것뿐이 아니다. 우리가 흔히 헤어질 때 많이 쓰는 표현 중에 'See you later.' 라는 표현이 있다. 하지만 나는 later가 붙으면 기분mood이나 상황에 따라 '너를 아예 보고 싶지 않다.' 는 의미가 된다는 것을 알고부터는 later를 쓰지 않는다.

내 고향은 충청도 어느 작은 읍내인데 내가 어릴 때 마을 어른들은 '내일 봐라.' 란 말을 많이 썼다. 엄마에게 아이스크림 사 먹게 돈을 달라고 했는데 만약 엄마의 대답이 '내일 봐라.'였다면 이는 절대 부탁을 들어주지 않는다는 뜻이었다. 영어로는 never 정도에 해당한다 할 수 있겠다.

이외에도 수많은 말들이 원래 뜻과는 다르게 새롭거나 감추어진 의미를 가지는 것은 물론이거니와 말을 하는 주체가 사람이다 보니 그 사람의 감정이나 다양한 심리 상태마저 언어를 통해 표현되기 때문에 의미는 더욱 다양해진다.

이제 다시 to로 돌아가 보자. 좀 더 본격적으로 파고들어 to부정사라고 불리는 것에 대하여 알아보기로 하겠다.

 to부정사에 동사 원형을 쓰는 이유

사실 to부정사도 to만 이해한다면 별거 아니다. to부정사라는 용어에 너무 신경 쓰지 말고 그 원리를 이해하자. 일단 예문들을 보기로 하겠다.

① I have something **to give** you.
나는 어떤 것을 가지고 있다, 줄 것을(→) 네

② I wanted **to see** you again.
나는 원했다, 보는 쪽(→)으로 가는 것을, 너를 다시

③ She will be there **to be** /with you.
그녀는 거기 있을 거야, 있는 쪽(→)으로, 너와 함께 하기 위한

①번은 have를 쓴 현재형이고 ②번은 want에 ed를 붙인 과거형이다. ③번은 will be 즉, 미래형의 형태이다. 이들 사이의 공통점을 보자. ①②③번 모두 to 다음에는 원형이라고 할 수 있는 동사의 기본형이 쓰였다.

사실 이것을 'to + 원형 동사'라고 해서 무조건 외울 필요가 없다. 문장 앞에 현재(① have), 과거(② wanted), 미래(③ will be) 라고 다 표시해 주었는데 뭐 하러 귀찮게 써 줄 필요가 있겠는가? 언어는 편리성을 추구한다. 그래서 두 번 표시해서 귀찮게 할 필요 없이 기본적인 원형 즉, 원래의 모습 그대로를 써 주는 것뿐이다. 기본형이라는 것은 원래의 모습, 즉 비유

하자면 발가벗은 형태이다. 발가벗은 몸에 과거라는 옷, 미래라는 옷 등등을 상황에 맞게 걸쳐 입는다고 생각하면 편할 것이다.

내가 가장 애착을 가지는 것 중의 하나가 to여서 그런지 현재의 영어 교육에서 가장 개탄스럽게 생각하는 것 중 하나가 바로 이 to에 대한 교육 방법이다. to부정사의 명사적 용법이니 형용사적 용법이니 부사적 용법이니 따지는 것을 보면 솔직히 한심하기 짝이 없다. 회화적인 감각이 생기면 그런 것 따지지 않고도 적재적소에 적절하게 쓸 수 있기 때문이다.

대학교 3, 4학년 때 나는 주말 저녁이면 친구 Trace와 다른 몇몇의 외국 친구들과 어울려 대전 시내에 있는 'watermelon sugar'라는 작은 술집에 자주 갔다. 그 당시에 그 술집에 주로 드나들던 사람들은 한국인 몇몇을 제외하고는 대부분이 미국, 캐나다, 영국, 호주 등 영어 원어민들로 그들 대부분은 대학이나 학원에서 영어를 가르치는 사람들이었다. 그들이 공통적으로 하는 말이 뭐였냐면 한국 학생들은 왜 그리 문법을 따지느냐는 것이었다. 자기 자신들도 그딴 것은 모른다며 말이다. 말주변이 꽤 좋아 사람들을 자주 웃기던 한 녀석은 너스레를 떨며 "I don't give a fart about it!"이라고 말해 사람들을 웃겼다. it은 물론 문법을 말한다. fart는 방귀이다. 나는 문법에 대해 방귀조차 주지 않는다는 뜻인데 해석을 좀 보태면 '문법 그딴 거 알아 뭣 하냐, 신경 껐다.' 정도로 해석할 수 있다.

우리 어렸을 때를 생각해 보자. 우리가 처음 말을 배울 때 문법을 배워 가며 말을 배웠던가? 어렸을 적부터 문법과 같이 말을 배우는 나라는 없다. 말을 배운다는 것은 단어와 언어 감각을 배운다는 것이다. 물론 모국어가 아닌 제 2의 언어를 배우는 것이기에 문법을 어느 정도 같이 배우는 것이 정확히 습득하는 데 도움이 되지만 아쉽게도 우리나라의 교육은 그야말로 test for test, 시험을 위한 시험이다. 무슨 퀴즈 게임 처럼 아이들에게 영어를 가르치고 있는 것이다. 그 퀴즈를 풀어야만 특목고에도 가고 좋은 대학에도 들어간다. 자의든 타의든 시험이라는 정형화된 틀 속에 아이들을 가둬 기본적인 영어 회화조차 부끄럽고 부담스럽게 만든다. 심지어는 심한 두려움 phobia까지 갖게 한다. 행여나 틀릴까 봐 두려워하는 것이다. 이제껏 우리나라 영어 교육은 문법보다 먼저 이뤄져야 할 실제 언어 행위를 가로막는 어리석음을 범하고 있다.

쉰 김에 더 쉬어 보자. 물론 부담 없이 공부하자는 얘기다. lotto가 왜 lotto일까? 영국인 친구에게 로또가 왜 로또인지를 물었다. 그는 lottery ticket의 줄임말abbreviation이라고 했다. 그렇다면 lot까지는 그렇다 하더라도 lotto의 마지막 스펠링 o는 어디에서 온 것이냐고 물었다. 그도 모르겠다고 했다. 그래서 나는 내가 평소 생각해 오던 것을 이야기했다. lot이 가진 의미 중에는 주차장parking lot처럼 할당된 공간이라는 의미 외에도 제비뽑기, 추첨이란 의미가 포함되어 있다. 그에게 온 몸을 써 가며 설명한 내 이론은 이러했다. lot에서 행운이라는 뜻을 취하고 to의 지향성을 연결하면 다음과 같은 그림이 되지 않을까 한다.

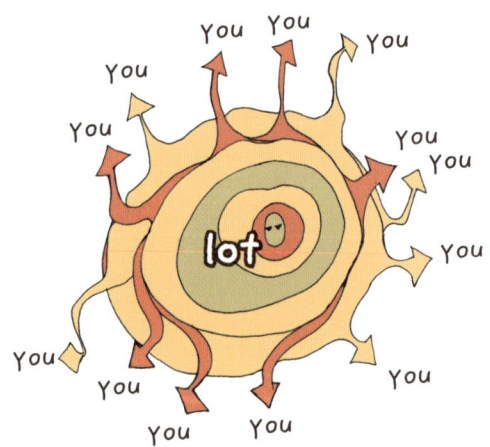

굳이 말을 만들자면 lot to you인 것이다. 물론 어디까지나 내 생각이다. 하지만 독자 분들이 최소한 내 이론을 통해 조금이라도 더 to에 대한 감각을 가졌으면 하는 바람이다.

이번에는 방법을 조금 달리하여 단계별로 알아보기로 하겠다. to부정사와 전치사 to 모두를 한 문장 안에 집어넣어 보자. to의 감각을 조금이나마 더 몸에 가까이 붙이고 아울러 이를 통하여 to를 쓰면 얼마나 수다쟁이가 될 수 있는 지를 이해하는 계기가 되었으면 한다.

1 단계 : I have to go.
나는 가지고 있다, 가야하는 쪽으로 → 나는 가야만 하다.

2 단계 : I have to go to 대전.
나는 가야하는데, 그것은 대전 쪽(→)이다. 나는 대전으로 가야만 한다.

3 단계 : I have to go to 대전 to give a presentation tomorrow.
나는 대전에 가야하는데 그것은 강연하는 것을 향하여, 내일
→ 나는 내일 대전으로 강연하러 가야 한다.

이것이 수다쟁이 to의 매력이다. 1단계에서도 2단계에서도 마침표를 찍어 말을 마칠 수도 있지만 이처럼 to를 써서 문장을 계속 연결해 나갈 수도 있다. 이제 왜 내가 to를 수다쟁이라고 부르는지 감이 올 것이다.

1단계부터 3단계 사이에서 문맥의 중심 뼈대가 되는 문장은 1단계 문장이라는 것을 쉽게 알 수 있다. 2단계에서는 가지고 있다는(가야 한다는) 것이 무엇(어디)인지를 구체적으로 나타내기 위해 전치사 to를 집어넣어 연결시켰다. 3단계에서는 더욱 더 수다를 떨어 to부정사를 연결 고리로 구체적인 상황을 설명했다.

　덧붙여 말하면 영어를 공부할 때 우리말 방식대로 연결하여 생각하는 버릇을 차츰차츰 줄여 가며 원어민의 감각을 받아들이고 영어식 어순word order대로 말하고 읽고 해석하고 사고하는 훈련이 필요하다. 즉, 영어가 몸에 붙고 머릿속에 자리 잡을 수 있도록 영어 특유의 감각을 익혀 가는 게 중요하다. 그래서 이 책에서는 지저분한 번역이지만 되도록 영어 원래의 감각에 가깝게 다가갈 수 있도록 책 전반에 걸쳐 고의적on purpose으로 직역을 많이 했다.

 **외워서 더 못 쓰는 too ~ to**

　보통 too ~ to를 '너무나 ~ 해서 ~할 수 없다' 정도로 무조건 외운다. 이처럼 이해도 없이 외우기만 하면 제대로 회화에 써 먹을 수 없다. 이것 또한 자근자근 씹어 먹을 필요가 있다.

chapter 5 to 집어먹기

too는 '역시' '마찬가지로' 정도의 의미로 회화에서 많이 쓰는 말이다. 예를 들면 친구 셋이 식당에 가서 밥을 먹는데 한 명이 순두부찌개를 시키면 다른 한 명도 "Me, too."라고 대답할 수 있다. 마지막 친구 하나는 "Me, three."라고 대답할 수도 있다. 물론 마지막 말은 too가 two와 발음이 같다는 데서 나온 농담kidding, joke이다. 미국인들도 심심찮게 사용한다.

too는 '역시' '마찬가지'라는 의미 이외에도 '지나치게'라는 뜻도 있다. 일정한 정도를 넘어섰다는 의미이다. 말하자면 빵을 하나만 먹으면 양이 찰 것을 두 개, 세 개 이상 먹은 것이다.

다음 문장을 살펴보기로 하자.

She is too beautiful. 그녀는 지나치게 아름답다.

수다쟁이 to를 넣어 말을 더 이어 나갈 수 있지만 여기서 말을 끝내도 된다. 사실 이것이 누군가가 공식화한 too ~ to의 실체다. 어떻게 보면 공식일 필요가 전혀 없다. to가 나오기 전에 문장을 끝낼 수도 있기 때문에 공식이 아니라고도 할 수 있다. to를 내세워 문장을 좀 더 발전시켜 보자.

She is too beautiful to be my wife. 그녀는 내 부인이 되기에는 지나치게 아름답다.

153

이와 비슷하게 문장을 하나 더 만들어 보면서 확실한 감각을 익혀 보도록 하자.

That watermelon is too expensive. 저 수박은 너무 비싸다.

chapter 5 to 집어먹기

이 문장 역시 여기서 문장을 끝내도 되지만 to를 써서 더 말을 발전시킬 수 있다.

That watermelon is too expensive to buy. 저 수박은 사기에는 너무 비싸다.

보는 것처럼 too ~ to는 공식일 필요가 전혀 없다. to의 특성이 이러하다는 것과 부사인 too가 형용사 beautiful과 expensive를 한정하거나 꾸며주는 것으로 이해하면 금방 삼킬 수 있다.

 **to를 알게 해 준 have to**

앞서도 이야기했지만 나는 왜 have to가 '~해야(만) 한다'인지를 한 달 가까이 고민했다. 그러다 have to를 이해하고 나서 to의 실체를 알게 되었고, 곧바로 영어에 자신감을 얻게 되었다고 했다. 이제껏 to에 대해 설명을 많이 했으니 여기서는 간결하게 설명하고자 한다.

여러분들도 잘 아시다시피 have는 기본적으로 '가지다' '가지고 있다' 정도의 의미를 가지고 있다. have to 또한 그 기본 가닥 안에서 파악하자. 간단한 예를 통해 살펴본다.

155

> I have 나는 가지고 있다
> to 하는 쪽으로
> I have to 하는 쪽(방향)으로 가야할 → 을 해야 할
> ↓
> I have to meet him.
> 나는 그를 만나야 하는 방향으로 가지고 있다. → 나는 그를 만나야 한다.

또 다른 예를 보자.

> You have 너는 가지고 있다
> to trust me 나를 믿어야하는 방향으로
> ↓
> You have to trust me.
> 너는 나를 믿는 쪽으로 가지고 있다. → 너는 나를 믿어야 한다.

좀 더 문장을 명확하게 하기 위하여 if를 써서 말을 늘려 보기로 하겠다.

> if you want / to succeed 만일 네가 원한다면 / 성공하는 쪽으로(가기를)
>
> You have to trust me if you want to succeed.
> 만약 네가 성공하는 쪽(방향)으로 가고 싶으면 너는 가져야 한다,
> 나를 믿는 쪽(방향)으로→ 네가 성공하고 싶으면 너는 나를 믿어야(만) 한다

chapter 5 to집어먹기

이제 have to가 왜 '~해야(만) 한다' 인지 느끼셨으리라 본다. 느낌이 들면 머리와 가슴에만 담아 두지 말고 직접 손으로 문장을 만들어 보라! 입 또한 머리와 손 못지않게, 상대가 없으면 혼자라도 중얼중얼대며 말을 뱉어라!

'쌤'과 got to

요즘 아이들은 선생님을 '쌤' 이라고 많이 한다. 영어 선생이면 '영쌤' 강씨 성을 가진 선생이면 '강쌤' 이라고 부른다. 한 코미디언이 유행시킨 말로 말을 가급적 줄여 쓰고자 하는 사람들의 (특히 아이들 사이에서) 심리가 서로 부합correspondence되어 유행이 된 것이다. 그 바탕에는 인터넷이나 빠른 속도를 중시하는 사회 분위기도 한몫했다.

나는 got to도 '쌤' 과 비슷한 연유로 지금의 형태가 되었다고 생각한다. 우선 got이 get의 과거형이기 때문에 과거형의 문장에 쓰이는 것은 당연하다. 하지만 특히 회화에서는 현재와 연관이 있을 때에도 무척이나 많이 사용한다.

원래는 have got to의 형태로 쓰이던 것을 have를 생략해 버리고 그냥 got to라고 많이 사용한다는 것이다. 이런 현상은 처음에는 일부 미국 대

157

학생들 사이에서 시작되었다고 알고 있다. 'have got'에서 have를 빼고 got만 쓰던 것이 유행이 되어 급기야는 언중에게까지 확대되어 지금은 아예 일반적으로 쓰이고 있다. have가 '~ve'로 축약contraction되고 급기야는 아예 생략되어 버린 것이다.

'you've got'은 설사 바로 잠시 전의 일일지라도 엄밀히 보면 과거의 일이다. 즉 그 과거의 일이 지금 현재 내가 말하는 것에까지 영향을 준 것이다. you got은 단순히 과거의 사실을 말할 뿐 큰 의미는 없지만 간단히 말할 수 있다는 편의성 때문에 문맥상 'you've got~'을 쓰는 게 나을 것 같은데도 'you got ~'을 많이 사용한다. 이는 언중들의 심리가 크게 작용한 것이다. 즉, 문법이 왕이 아니라 언중들의 뜻이 왕이요, 대장인 것이다. 어쨌든 이 have got to에 있어서의 got은 과거가 아닌 과거분사이다. 원래 형태는 'have + 과거분사'이다. 이 형태가 과거형이나 현재형과 다른 점은 과거에 행해졌던 일이 지금 현재까지도 영향을 미치거나 영향을 받는다는 것이다.

과거분사에 관해서는 다음에 또 이야기할 기회가 있을 테니 여기까지만 하고 일단 got의 기본 개념부터 알아보기로 하자.

① I got it.
② You've got a point there.

chapter 5 to 집어먹기

'너 알아듣겠니?' 하고 물으면 ①번 문장이나 'I understand.' 정도로 대답할 수 있다. got it과 understand는 ≈이다. 물론 둘 다 우리말로 이해한다, 알아듣겠다는 비슷한 의미로 비슷한 상황에 쓰일 수 있다. 하지만 =이 아닌 ≈이다. 이유야 물론 있다. got의 기본형은 get이다. get의 기본적 의미는 '얻다'이다. 우리말로 '얻었다' '가지고 있다'의 의미를 지닌다. 그래서 understand와 통하는 부분이 있을 뿐이다.

내가 외국인 친구와 같이 여기저기 여행을 다닐 때 서로 차표를 끊어 주는 경우가 적지 않았는데 그때마다 우리는 서로 "I got it."이라고 했다. 이 경우에 있어서는 물론 이해한다는 의미가 아니라 '내게 그 돈 있어. 내가 낼게.' 라는 의미이다. 'I understand.'는 '내가 낼게.' 라는 의미로는 전혀 사용하지 않는다.

②번은 '네 말 일리가 있다.' 는 말이다. 대화하는 도중 상대방의 말에 공감하거나 의표를 찌르는 말에 수긍하는 상황에 쓴다. 물론 '-ve'를 생략해도 된다.

have나 get(got) 말고도 take, make 등은 회화나 문장에서 너무도 자주 쓰인다. 이 말들은 자주 쓰이는 만큼 그 의미가 변화무쌍하다. 따라서 전체적인 의미를 감각적으로 받아들일 필요가 강한 것들이다. 귀찮더라도 자주 사전을 찾아보고 여러 문장들을 접해 보는 것이 중요하다. 영어시험에 100점을 100번 맞고 말을 하지 못하는 것보다 6, 70점을 맞더라도 회화적 감각을 키우려 노력하자. 틀리더라도 실전 회화에 적용해 보고 문장을 만들어 써 보자. 나는 틀리더라도 말할 줄 아는 용기 있는 사람이 100점을 백 번, 천 번 맞는 사람보다 그 이상의 가치가 있다고 생각한다. 그리고 그것이 언어 교육이라고 생각한다.

다음은 got to에 대해 알아보자. 회화에서 got은 to와 자주 어울리는 친한 사이이다. 개인적으로도 got to(gotta)를 많이 이용하는 편이다. 간단하고 편리하기 때문이다. 다음 예문들을 살펴보면서 got to에 대한 감각을 익혀 나가자.

① I got to go. 나는 가지고 있는데, 가야하는 쪽으로 → 나는 가야(만) 한다.

② When I got to the bus stop, the bus had already left.
내가 얻었을 때, 버스 정류장 쪽으로, 그 버스는 이미 떠났다.
→ 내가 버스 정류장에 갔을 때 그 버스는 이미 떠나고 없었다.

①번의 경우는 회화에서 특히나 많이 사용하는 표현이다. 무엇을 끝내고 가야 할 때 많이 쓰인다. 상대방과 전화 통화를 마칠 때나 e-mail 등을 끝낼 때 많이 사용한다.

②번은 내가 정류장에 간 것은 현재가 아닌 과거지만 버스는 그보다 이

전에 떠나고 없었기 때문에 그 시간상의 차이를 말해 주기 위해 'had + 과거분사'라는 형식을 취한 것이다.

 ## seeing과 to see 견줘 보기

일단 다음 두 문장을 보고 무엇이 다른지 고민해 주시길 부탁드린다.

① Seeing is believing.
② To see is to believe.

①번과 ②번의 공통점은 동사가 변한 seeing과 to see가 각 문장에서 주어로 쓰였다는 것이다. 이 문장들은 우리나라의 많은 영어책에서 같은 뜻으로 취급되는 전형적인 문장이다. 우리말로야 똑같이 해석할 수 있고 실제로 거의 다 똑같은 해석을 내놓는다. 하지만 분명한 차이가 있다.

①②번 모두 보는 것이 믿는 것이라는 의미를 공통적으로 가지기는 하지만 ①번의 ing형은 동사를 명사화시킨 동명사라 불리는 것들이다. 동사와 명사의 성격을 함께 지녔다고 해서 동명사라고 하는데 편의상 나는 동명사도 일종의 명사로 취급한다. 우리말에도 이런 식으로 동사를 명사로 활용하는 경우가 있다. '~하는 것' '~인 것' '~하기' 정도와 비슷하다고 느끼면 된다.

①번과 ②번 모두 '보는 것이 믿는 것이다.'로 번역하는 데 무리는 없다. 하지만 적어도 말하는 사람의 성격이나 상황에 따라 차이가 있다. ①번은 '보는 것seeing이 믿는 것.'이라는, 단순히 그렇다는 의미로 그 이외에 내

포하는 의미가 별로 없는 반면 ②번은 '보는 쪽으로 가는 것이 믿는 쪽으로 가겠다.' 즉 '보아야(만) 믿겠다.'는 활동적active이고 적극적인aggressive 표현이다. 물론 그렇게 만드는 것은 ②번 문장에 있는 to라는 녀석 때문이다. 앞서도 말했듯이 to라는 녀석은 수다쟁이면서도 활동적이고 적극적이며 역동적인 느낌이 내재되어 있다. 그래서 ①번이 그저 보는 것이 믿는 것이라는 단순한 기술인데 반해 ②번은 꼭 보아야만 믿겠다는 확고함firmness까지 엿볼 수 있는 것이다. 따라서 두 문장은 절대로 똑같지 않다

이번 chapter는 to를 위한 무대이므로 여기서는 ②번을 좀 더 파고들자. 눈치 빠른 분들은 이미 알아챘겠지만 to 다음에 동사 원래의 모습 즉, 동사 원형이 쓰였다.

to 다음에 보통 동사의 기본형을 써주는 것은 당연하다. 언어는 편리한 것을 추구한다는 원칙을 상기하자. 동사인 'is'가 현재인지 과거인지를 이미 알려 줬기 때문이다. 즉 to 다음 나온 동사가 시제까지 개입할 필요가 없는 것이다. 그렇다면 여기에는 가장 단순하면서도 편한 형태인 동사 원형을 써주는 것이 당연한 것이다. 그리고 여기서 to라는 녀석은 기본 동사와 결합해 주어의 역할까지 침범하여 점령해 버렸다. 여기서 쓰인 동사 see는 원래는 그럴 능력이 없다. 다 to라는 녀석 때문인 것이다. 이럴 때 to는 침략적aggressive이기까지 하다.

확실히 하고 넘어가기 위해 to가 위에서처럼 주어의 역할을 하는 경우를 좀 더 살펴보기로 하자.

① To be, or not to be; that's the question.
있는 쪽으로 갈 것이냐, 아니면 있지 않는 쪽으로 갈 것인가; 그것이 문제이다.

② To play soccer is a lot of fun. 축구하는 쪽으로 가는 것은 무척 재미있다.

③ To appreciate this poem is not that easy.
이 시를 감상하는 것은 그렇게 쉽지 않다.

①번은 직역에 가깝게 나름대로 번역해 보았다. 철학적으로 본다면 존재론ontology적인 문제에 대한 고민이다. 내가 세상에 있음의 방향 쪽으로 설

것인가 없음 쪽으로 설 것인가 하는 고뇌agony가 들어 있는 말이다. 하여 '존재할 것이냐, 말 것이냐 그것이 문제이다.' 라는 번역도 가능하다.

②번은 축구하는 것은 무척(많이) 재미있다는 말로 playing soccer가 아닌 to play soccer를 써서 적극성을 좀 더 실었다. 만약 playing soccer를 썼다면 '축구 하는 것은' 정도로 별다른 의미가 내포되지 않은 단순 기술인데 비해 to play soccer는 '축구 하는 쪽으로 간다면' '축구를 한다는 것은' 정도의 의미를 지니게 된다. 화자의 적극적이고 활동적인 모습을 좀 더 느낄 수 있다. 말의 뉘앙스nuance 즉, 표현이나 감정 등에서 미묘한 차이가 나는 것이다.

③번 문장을 번역부터 해보면 '이 시를 감상하는 쪽으로 가는 것은 그렇게 쉬운 게 아니다.' 가 된다. 약간의 의역을 가미하면 '이 시를 감상하는 것은 그렇게(that) 쉽지가 않다.' 정도로 해석할 수 있다. 시를 읽을 때는 그저 단순히 읽는 것이 아닌 적극적으로 감상을 해야 한다는 것을 to appreciate를 써서 표현했다고 할 수 있겠다.

다음으로 살펴볼 것은 easy 앞에 있는 that이다. 강조emphasis를 하기 위해 일부러 that을 집어넣어 보았다. 별것 아니다. 우리말에도 영어와 마찬가지로 '그렇게' 라는 말은 강조하는 경우에 쓰인다. 이 경우를 생각하면 될 것이다. 우리말 예문 하나를 들어 보도록 하자.

내가 그렇게 말했건만 또, 그딴 짓을 해?

여기서 '그렇게'란 말은 '여러 번'이라는 횟수일 수도 있고 오랫동안이라는 기간일 수도 있으며 혹은 둘 다일 수도 있다. 아무튼 영어의 that처럼 강조하는 느낌이 들 것이다.

앞서 seeing이 동명사의 기능이 어쩌고 하는 것을 따지지 않았던 것처럼 이번에도 to부정사의 부사적 용법, 명사적 용법, 형용사적 용법, 서술적 용법이라는 등의 설명 따위는 하지 않겠다. 아니, 못한다. 그런 거 몰라도 된다. 솔직히 나는 보어가 뭔지도 잘 모를 뿐더러 무슨 용법이니 하는 것은 아예 따지고 싶지도 않다. 그런 거 따질 시간 있으면 낮잠^{nap}이나 자겠다. 중요한 것은 몸으로 느끼는 것이다.

chapter 5 to 집어먹기

 how to, what to

how, where, what 등의 의문 부사도 to와 결합해 종종 문장 중간쯤에 나온다. 간단한 것이니 간단하게 설명하겠다.

① She knows **how** to teach. 그녀는 어떻게 가르칠지를 안다.
② My brother has not decided **where** to go.
내 동생은 어디로 갈지 결정하지 않았다.
③ I am absolutely sure **what** to do. 내가 무엇을 할지 절대적으로 확실하다.

다른 때와는 다르게 미끈한 번역부터 먼저 달아 보았다. 이만큼 to에 대해 공부했으니 이 정도는 큰 문제가 되지 않으리라 본다.

①②③번 모두 how, where, what 이전에 문장을 끝내도 의미가 통하는 문장이라 할 수 있다. 다만 수다쟁이에다 적극적인 기질이 있는 to 앞에 how, where, what 등을 붙여 각기 ①번은 방법을 ②번은 위치를 ③번은 해야 할 것을 말해 주는 것뿐이다. 그렇다고 해서 행여나 how는 방법, 수단, 정도, 상태 등을, where는 장소, 방향, 도착, 위치, 지점을 나타낼 때 쓰이고 what은 사물, 물건, 사람의 직업, 등을 뜻한다고 무조건 외우는 독자는 없길 바란다. 우리말과 사용하는 원리가 비슷하다. 그 점을 명심하고 자주 사용하다 보면 자연스럽게 입과 눈에 익을 것이다. 영어는, 아니 언어는 머

167

리가 아닌 가슴으로 공부해야 한다.

 not to

not to 또한 바로 앞서 살펴본 how to, where to, what to와 기본적으로 비슷한 원리이다. how, where, what 대신에 이번에는 not을 써서 문장의 의미를 바꾼 것에 불과한 것이다.

내가 사랑하는 여자친구가 있는데 그녀가 나를 속이고 cheating on me 다른 남자를 만난다고 생각해 보자. 최소한 몇 날 며칠을 고민하고 힘들어하다 헤어지기로 마음을 정했다 determined고 하자. 드디어 그녀와 만난 자리에서 나는 이렇게 말한다.

I have decided. 나는 결심했다.

그녀를 만나기 전에 이미 마음을 잡아 결심했으니 과거형을 써야 한다고 생각할 수도 있지만 몇 날 며칠을 고민하다 결심해서 지금 이 말을 하게 된 것이다. 따라서 과거의 결심이 지금 현재까지 이어져 온 것이다. 현재완료형이라 불리는 형태이다. 현재완료형은 기본적으로 'have + 과거분사'

chapter 5 to 집어먹기

형태로 이뤄 진다. 아쉬운 것은 과거분사는 과거형과 함께 각자 가능한 손으로 써 가며 자주 보고 익히는 수밖에는 달리 공부할 방법이 없다는 것이다. 이 부분은 —내가 제일 싫어하는 것이지만— 할 수 없이 암기해야 한다. 다만 한 가지, 과거분사는 형용사와 비슷한 역할을 한다고 이해하면 사용하는 데 한결 부담이 덜할 것이다. 과거분사에 대해서는 추후에 자세하게 공부할 자리를 마련하겠다.

위의 문장을 not to를 써서 발전시켜 보자.

not to love you. 사랑하지 않는 쪽으로, 너를

문장을 연결해 보면,

I have decided not to love you. 나는 너를 사랑하지 않기로 결심했다.

좀 더 의미를 확실히 하기 위해 love you 다음에 any more를 붙여 주어도 좋다.

have가 일반 동사니까 not을 have 앞에 써 주든지 아니면 적어도 have 다음에 써 주어야 하지 않을까 생각하는 분들도 있을 것이다. 그리고 이해가 잘 안 가 부담되는 분도 분명 있을 것이다. 우선 이 문장을 잘게 씹어 보

169

자. 그러면 왜 to 앞에 not이 나오는 것인지 느껴질 것이고 곧 소화할 수 있을 것이다.

분명히 현재완료의 부정문은 'have + 과거분사'의 중간인 have 뒤에 not을 써 주는 것이 일반적인 것이긴 하다. 하지만 영어는 우리말과 다른 위치 언어로 not 또한 문장 내에서 그 위치를 바꿔 쓰면 말(문장)의 의미가 변한다. 그렇다면 실제로 not의 위치를 바꾸어 넣어 보고 어떻게 의미가 변하는지 직접 확인해 보기로 하자. 다음을 보자.

> **I have not decided.** 나는 결심하지 못했다.
> **to love you.** 사랑하는 쪽으로 갈지, 너를
> ↓
> **I have not decided to love you.** 나는 너를 사랑할지 결심하지 못했다.

위와 같이 not은 위치에 따라 전혀 다른 역할을 한다. 따라서 사랑하지 않기로 결심했다면 'I have decided not to love you.' 가 되어야 한다. 이는 not이 주어 'I' 와 동사 구간 'have decided' 의 뒤, 그러니까 문장의 길목에 해당하는 곳에 위치해서 문장의 흐름을 바꾼 것이다. 즉 not이 문장이 이어지는 길목을 지키고 있다가 게릴라처럼 습격해 의미를 변하게 만든 것이다. 다음 두 문장을 보면 내 설명이 보다 쉽게 이해

될 것이다.

She is cute, not to say beautiful.

She promised me not to cry over nothing.

첫 번째 문장은 '그녀는 아름답다고 말할 수 있는 쪽은 아니지만 (그녀는 아름답다고 말할 수 있는 정도는 아니지만) 귀엽다.' 정도로 해석할 수 있다.

다음 문장은 '그녀는 약속했다 나에게, 울지 않는 쪽으로, 아무 것도 아닌 것으로' → '그녀는 나에게 아무 것도 아닌 것으로 울지 않기로 약속했다' 정도의 의미이다. 의역을 한다면 '그녀는 나에게 걸핏하면 울지 않겠다고 약속했다' 까지 가능하다.

 kicking과 to kick 맞짱 뜨기

일단 예문부터 차근차근 scrupulous 만들어 보기로 하자.

I stopped 나는 멈추었다

kicking 차는 것 his ass 그 녀석의 엉덩이를

→ I stopped kicking his ass. 그 녀석 엉덩이 차는 것을 멈추었다.

I stopped 나는 멈추었다

to kick 차는 쪽으로 → 차려고 his ass 그 녀석의 엉덩이를

→ I stopped to kick his ass. 나는 그 녀석의 엉덩이를 차려고 멈추었다.

chapter 5 to집어먹기

이것 역시 수다쟁이이면서도 무언가 더 하고 싶어서 안달인 to의 적극적인 성격을 잘 파악하고 나면 그리 어려울 것도 없다. 하지만 나도 예전에도 시험 문제로 나오면 틀린 적이 많았다. 사실 별 것도 아닌 아주 미묘한delicate 차이로 인해 전혀 다른 뜻이 되는 문장이다. 짝이 될 만한 예문을 몇 개 들어 보겠다.

① I stop smoking.
나는 멈추었다/ 담배 피우는 것을 → 나는 담배 피우는 것을 멈추었다.

❶ I stop to smoke. 나는 멈추었다/ 담배 피우는 쪽으로 가려고.
→ 나는 담배 피우는 쪽으로 가려고 멈추었다. → 나는 담배 피우려고 멈추었다.

② I forgot giving/ him some food. 나는 잊었다/ 그에게 준 것을/ 약간의 음식을
→ 나는 그에게 약간의 음식을 준 것을 잊었다. → 음식을 주었는데 그 준 사실을 잊었다는 말. 분명히 그에게 음식을 주었음.

❷ I forgot/ to give him some food. 나는 잊었다/ 그에게 주는 쪽으로 가는 것을/ 약간의 음식을 → 나는 그에게 약간의 음식을 주어야 하는 것을 잊었다. → 음식 주는 것을 잊었다는 말. 내가 음식을 주지 않아 그는 먹지 못했음.

③ Her granny tried studying English. 그녀의 할머니는 시도하였다/ 영어 공부하는 것을 → 그녀의 할머니는 영어 공부하는 것을 시도해보았다. → 그녀의 할머니는 영어 공부를 한 번 해보았다.

❸ Her granny tried to study English. 그녀의 할머니는 시도하였다/ 영어 공부하는 쪽으로 → 그녀의 할머니는 영어 공부하려고 적극적으로 시도하였다.

①번의 smoking과 to smoke는 예전이나 지금이나 학교 선생들이나 강사들이 많이 사용하는 대표적인 문장들이다. 위 예문에서 나온 -ing 형태는 동명사이다. 동명사는 명사로서의 기능, 동사로서의 기능 등을 가지고 있는데 그렇게까지 따질 필요는 없다. 우리말에도 일정한 명사만이 주어로서의 기능을 갖는 것이 아니라 영어의 동명사와 비슷한 말이 주어의 역할을 하는 경우가 많다.

또한 여기에 나오는 동명사들은 주어가 아닌 동사의 기능을 어느 정도 가지고 있다. 문법 책에서는 '동사로서의 역할을 하는 동명사' 라고 설명하고 있는 부분이다. 동사로서의 기능 역시 우리말과 비슷하다. ①번의 smoking ②번의 giving ③번의 studying 모두 이번에는 주어가 아닌 동사의 가까운 위치에서 동사의 기능을 어느 정도 가진다. 영어와 우리말이 가진 공통점이다.

①번과 ❶번에서 smoking과 to smoke의 차이점은 위의 해석에서 알 수 있듯이 smoking은 ing의 특성상 '담배 피우는 것'이라는 해석이 나올 수 있는 반면 to smoke는 to의 보다 적극적이고 진취적인 성격 때문에 smoking과는 전혀 다른 의미가 나오게 된다.

쓸 데 있든 없든 설명이 길어졌다. 다음으로 넘어가 보자

②번에서 /로 끊어준 문장 아래 부분은 앞 문장(주어와 동사)을 발전시키

는 역할을 하기 때문에 시간이나 감각상 약간의 괴리가 발생한다. 어떠한 것이든 간에 to 다음에 동사 원형이 나와 문장을 발전시키는 문장들을 보고 느끼면 내 말의 뜻을 이해할 것이다. 하여튼 ②번은 내가 준 것을 잊은 것이고 ❷번은 내가 잊었는데 그 잊은 것이 무엇이냐면 to 이하의 문장이라는 것이다.

   ③번은 옛날이나 지금이나 시험 문제로 자주 나온다며 많은 선생이나 강사들이 한 번쯤 짚고 넘어 가는 문장이다. 곧 try 다음 -ing 형태가 나오면 '시험 삼아 해 보다' 라는 의미로, try 다음 to가 나오면 '애써(힘써, 열심히) ~하다' 라고 암기할 것을 많이들 권한다. 굳이 여기서 시험 삼아라는 말로 의역해서 무조건 외우는 쪽으로 유도하는 것은 좋지 않다. 그래서 물론 나는 의식적으로 consciously '시험 삼아' 라는 말을 쓰지 않았고 쓸 필요조차 느끼지 않는다. ❸번의 경우 또한 굳이 '애써(힘써, 열심히) 노력하다' 라고 의역할 필요가 없다. 직역만으로도 충분히 그 의미가 전달될 수 있기 때문이다. 물론 to의 적극적인 특성을 이해한다는 전제를 깔고서 말이다. to에 대한 감각 및 특성에 대해 지겹도록 충분히 설명했고 또한 번역만으로도 충분하다고 여기기에 여기서 맺기로 하겠다.

 **prefer to**

to에서 마지막으로 살펴 볼 것이 바로 prefer to이다. prefer와 붙어 나오는 to만은 예외적으로 →의 감각을 지니지 않는다고 생각하기 쉽다. 지금까지 알아본 to와는 달리 prefer에 쓰인 to는 전혀 다른 이방인alien같이 여겨지기 쉽지만 실제로는 꼭 그렇지만도 않다. 그렇다면 to가 than이나 쓰일 법한 자리에 쓰이는 이유는 뭘까?

이유는 prefer라는 단어가 라틴어에 어원을 두고 있기 때문이다. prefer는 그 뿌리가 영어가 아닌 '앞에 두다' 라는 뜻의 라틴어 전치사 *prae* 에서 파생된 '더 낫게 여기다' 라는 뜻의 *praeferre*에서 나왔다고 한다. 따라서 예외적인 경우라고 할 수 있다. to가 쓰이는 이유도 여기에 있다.

prefer는 흔히 많은 책에서 '선호하다' '오히려 ~을 좋아하다' '차라리 ~을 취하다' 정도로 풀이하고 있다. 하지만 개인적으로 이는 prefer의 일부분만 본 것에 불과한 것이라고 생각한다.

나는 prefer의 감感을 포착하기 위해 그 어원인 '앞에 두다' 는 말에 무게를 둔다. 그러면 '앞에 두다' → '앞에 강세를 둔다' → (뒤보다는) 앞에 있는 것을 좋아한다(선호한다)' 는 식으로 확대해석a broad interpretation을 해도 큰 무리가 없다.

어떤 언어든지 눈으로 구별discernment하기 쉬운 시계, 책상, 다리, 말, 소, 개, 사탕과 같은 물질명사와 고유명사 등은 무리 없이 번역하기 쉽다.

chapter 5 to 집어먹기

반면 번역하기 가장 어렵고 받아들이기도 어려운 말들은 인간의 감정이나 주관적인subjective 생각이 조금이라도 들어있는 단어 및 문장이다. 인간이 아무리 완벽하고 객관적인objective 사고를 하려 해도 주관이 개입되지 않기란 쉽지 않다. 그러한 감정(주관)이 들어간 말이나 문장은 번역이 어렵다. 따라서 우리말로 번역할 때 별의별 해석이 나오는 것이다.

우리가 앞서 다룬 care나 wonder 등이 그 예이다. 어쩌면 가장 단순하게 '사랑'이라고만 생각할 수도 있는 love도 마찬가지이다. 이 prefer도 인간의 감정이나 주관이 개입된 단어이다. prefer를 알아본 뒤 love에 대해서도 잠시 살펴보기로 하겠다.

prefer를 번역해 놓은 것을 찾아보면 앞에서 인용한 '오히려 ~을 좋아하다' '차라리 ~을 취하다(택하다)' '~을 선호하다' 외에도 '~에 치우치는 경향이 있다' '~을 더 중重하게 여기다' 등등으로 설명해 놓고 있다. 하지만 나는 물론 앞서 밝힌 대로 prefer를 먹는 기본 감각으로 '앞에 강세를 두다'를 머릿속에 넣고 그것을 조금 더 발전시켜 감각을 넓혀 나간다. 일단 예문을 보도록 하자.

His ex preferred money. 그의 전 여자친구는 (다른 것들보다) 돈에 강세를 두었다.
→ 그의 옛 애인은 다른 것보다 돈을 우선했다.

177

여기서 쓰인 ex는 회화적인 성격이 강하다. 보통 '앞의' '전前의'라는 뜻으로 hyphen을 붙여 문장을 만든다. ex-wife(전처), ex-husband(전남편) ex-president(전 대통령) ex-boyfriend(전 남자친구)처럼 말이다. 하지만 회화에서는 그냥 ex라고만 사용하기도 해서 문맥상 그 의미를 파악해야 하는 경우도 적지 않다. 여기서는 문맥상 그의 옛 여자친구라는 의미로 쓰였다.

chapter 5 to 집어먹기

위 문장에서 그대로 끝나도 되지만 to를 써서 좀 더 말을 늘여 보자.

His ex preferred money to love. 그의 전 여자친구는 돈에 강세를 두었다, 사랑 쪽으로 가기보다는 → 그의 전 여자친구는 사랑으로 가기보다 우선으로 돈 쪽으로 갔다. → 그의 전 여자친구는 사랑보다는 돈을 더 좋아했다.

prefer는 than과 쓰는 것이 적절해 보이지만 그 어원이 영어가 아닐 뿐더러 '앞에 강세를 두다' 는 뜻이 워낙 강해서 than보다는 to가 적절한 것이다.

인간의 감정이나 주관이 들어간 말은 번역이 쉽지 않다고 말한 바가 있다. 그 예로 love에 대해 알아보고 이번 chapter를 마치기로 하겠다.

세상 어느 곳이나 언어를 사용하는 곳에는 모두 '사랑한다' 는 말이나 적어도 그 비슷한 표현들이 있을 것이다. 하지만 다른 언어들은 다 제쳐 두더라고 우리말의 사랑하다와 love가 같다고 생각되지 않는다. 사랑하다와 love는 쓰이는 상황이나 언어 습관 등에서 차이가 있다.

그 예로 'I love drinking apple juice.' 라는 문장을 '나는 사과 주스 먹는 것을 사랑해.' 라고 번역하면 어색하기 때문에 보통 '나는 사과 주스 먹는 것을 좋아한다(즐긴다).' 정도로 번역한다.

179

'내 생일 파티에 올래? Would you come to my birthday party?' 에 대한 대답 또한 마찬가지이다. 특히나 여자들은 'I'd love to.' 를 심심찮게 잘 쓴다. 이를 '응, 가게 되면 사랑하지.' 로 번역하면 급 어색해진다. 따라서 '무지 가고 싶지.' 정도로 의역할 수밖에 없는 것이다. 영어 원어민들이 사용하는 love와 우리가 사용하는 사랑 사이에는 이처럼 닮은 점과 차이점이 동시에 존재한다.

나와 친한 외국인 친구들은 내게 'Love you, dude.'란 표현을 잘 썼고 나 또한 거리낌 없이 진심으로 'I love you, too.'라는 말을 자연스럽게 썼다.

chapter 5 to 집어먹기

나는 절대 동성연애자homosexual, fagot가 아니다. 나 스스로도 우리말을 할 때와 영어를 말할 때는 분명히 서로 다른 감각이 생긴다.

Tag 5

 Why don't you be straight up with her?

'왜 좀 더 직선적으로(straight) 다가가(up)지 않니? 그녀와 함께함에(with her)' 정도로 감각을 살려 직역해 보았다. straight up은 honest라는 말로 바꾸어 쓸 수 있다. 정직함은 우회적 곡선의 감각이 아닌 꾸밈없는 직선의 감각(↑↓→)이다. 뜻은 그녀와 좀 더 정직해(솔직해)지는 게 어때?

 Don't Spit in my face and tell me you are my friend.

9.11 테러 이후 미국이 아프가니스탄Afghanistan을 상대로 한창 전쟁을 벌였을 때 Trace와 e-mail 로 논쟁을 벌이던 중 내가 미국을 욕한 적이 있었다. 당연히 그는 화난 것이 그대로 보이는 문장들과 함께 자기주장을 뒷받침할 자료들을 보내 왔다. 내 더러운 성격이 또 거기서 그대로 나와 그에게 심한 욕을 한 적이 있다. 그런 내게 화해의 손을 건넨 이는, 그 이외에도 싸울 때마다, 먼저 손을 내민 쪽은 거의 그였다. 특히나 그때 생각을 하면 내가 사과할 게 더 많은 것 같다. 위 문장은 그때 그가 보낸 e-mail 중 한 문장이다. '내 얼굴에 침 뱉지 말고 말해줘, 너는 나의 친구라고.' 그 험악한 상황에서도 침 뱉는다는 것은 서양이나 동양이나 나쁜 의미구나라는 공통점을 발견하고 흥미로워 했다면 내가 너무 지나친 편집광일까?

 You can say that again.

'너 그거 다시 말할 수 있다.' 정도로 직역된다. 상대방이 나와 비슷한 의견을 보여주거나 상대방의 말에 공감할 때 맞장구 쳐주는 말로 많이 쓰는 표현이다. 나는 장난칠 때도 많이 썼다. 오랜

Heartbreaking English

만에 만나는 외국 친구 녀석들이 여전히 멋있다며 내게 인사말을 건네면 당연한 것 아니냐며 대답을 이리하곤 했던 기억이 난다.

 It didn't turn out well.

turn의 기본적 의미는 '돌리다' '회전시키다' 정도이다. 그 다음 '뒤집다' '바꾸다' (뒤집히면 바뀐다) '전복시키다' 등의 의미로까지 발전시킬 수 있다. 어쨌건 turn의 기본적 의미는 돈다는 거다. 세상일은 예측하기 쉬운 직선으로 가기보단 별의별 변수에 따라 예측 불허로 돈다.
out은 결과적으로 나온 것을 의미한다. outcome이라는 단어가 결과나 결론을 의미한다는 것을 굳이 증거라면 증거로 대겠다.
설명이 꽤나 철학적으로 되어 버렸다. 아무튼 이 말은 일이나 기대했던 상황이 잘 돌아가지 않을 때 쓸 수 있는 표현이다. turn out은 우리말로는 '(결과적으로) ~이 되다' 정도의 의미가 된다. out이 결과를 나타내는 의미로 쓰인 문장을 하나 더 살펴보자.

I suppose things will work out. 내가 생각하건대 일의 결과가 잘 나올 거야.

 We are gonna be layoff.

layoff는 해고를 의미한다. 하지만 fire가 주로 업무 능력이나 불성실한 근무태도 등으로 인해 해고당하는 것을 의미한다면 layoff는 회사 사정상 감원되었다는 의미를 담고 있다. 하긴 우리말로는 fire나 layoff나 둘 다 '해고하다' '짤리다' 라고 번역해도 상관없겠다. '우리 감원될(짤릴) 거야.'
한편, 특히 회화에서는 going to를 gonna로, want to를 wanna로, got to를 gotta로 짧게 줄여 쓰는 경향이 있다. 성격 급한 나도 자주 애용한다.

chapter 6

기본에서 한 걸음 더

- 현재진행형 -ing • 야해서 현재진행형으로 못 쓰는 동사
- 지각동사 fell, taste, smell
- 사역동사, 오락가락(come&go) 동사
  • Let me be your man • 오락가락 동사
- 의문사 what, when, how • 한국인을 안타깝게 하는 수동태

chapter 6

 현재진행형 -ing

    현재진행형은 기본적으로 동작을 하고 있는 현재 모양이나 상황을 표현하여 말하는 것을 말한다. 다음 단순 현재형 문장들인 아래의 예문들을 현재진행형으로 바꾸어 보기로 하자.

① I talk to you. 나는 너에게 말한다.

② You go home. 너는 집에 간다.

③ She washes her hands. 그녀는 그녀의 손을 씻는다.

①번은 I가 주인공, 즉 주어이기에 일반 동사 talk 앞에 be동사 am을 집어넣는다. 그러고 나서 일반 동사인 talk에 ing를 붙인다. 그게 다다.

→ I am talking to you. 나는 너에게 말하고 있는 중이다.

②번은 you가 주어이기에 be동사 are를 일반 동사 go 앞에 집어넣은 후 일반 동사 go에 ing만 붙이면 된다.

→ You are going home. 너는 집에 가는 중이다. 너는 집에 가고 있다.

여기서 하나만 더 부연 설명하자면, 이미 chapter 5에서 to의 감각을 집어먹고 어느 정도 소화한 사람 중에는 going to home이 맞지 않을까 하고 의문을 갖는 사람이 있을 것이다. 실제로 초중고 학생들뿐만 아니라 대학생, 일반인들 중에도 그렇게 쓰는 사람들을 꽤나 보아 왔다. 나는 틀리든 맞든 상관하지 않고 가슴 속에 그렇게 물음표를 가지고 적극적으로 덤비는 사람들을 무지 좋아한다. 주입식 교육에 익숙한 학생들은 그런 질문조차 하지 않고 그냥 수동적으로passively 받아들일 뿐이다 그러면 시험에서는 성적이 좋을지 모르지만 회화를 사용하는 데는 절대적으로 불리하게 작용한다.

위에서 쓰인 home은 굳이 문법적으로 말하자면 명사도 형용사도 아닌 부사이다. 우리말로 옮기면 '집'도, '집의'도 아닌 '집에'라는 뜻이다. 왜 그럴까? 내 생각에는 home은 일상생활에서 워낙 많이 쓰는 장소이자 말이기에 to를 집어넣는 것도 귀찮아져 간단하게 쓰려고 하다 보니 부사로 쓰는 것이 아닐까 생각한다. 여하튼 어느 언어든 편리성을 추구한다는 점에서 초점을 맞춰 생각하면 별 거 아닐 수도 있는 문제라 본다.

다음 ③번을 살펴보면 '그녀는 그녀의 손들을 씻는다.'는 우리말로는 어색하니 '손'으로 의역 아닌 의역을 할 필요가 있다. 분명 이치를 따지면 영어가 맞다. 손을 하나만 씻는 것이 아닌 양손을 씻을 터이니 당연히 hand가 아닌 hands이어야 한다.

아무튼 ③번도 ①②번과 같은 원리이다. 다만 '나'도 '너'도 여럿도 아닌 '그녀'이므로 일반 동사 wash 앞에 is를 넣어주고 washes는 당연히 es를 뺀 wash라는 기본형으로 되돌린 후 ing를 붙이면 된다. 이미 앞에 is를 집어넣어 나도 너도 여럿도 아님을 알렸으니 또 다시 표시할 이유가 없기 때문이다. is 하나로 충분하다.

→ She is washing her hands. 그녀는 손을 씻고 있는 중이다.

기본 원리는 이처럼 간단하지만, 현재진행형이 결코 만만한 것이 아닌 이유는 어쩔 수 없이 외워야 할 것이 있기 때문이다. 대부분의 일반 동사들이 be동사와 결합하여 현재진행형을 만들 수 있지만 그렇지 못한 것들도 있다. 그것들을 다 살펴볼 수 없기 때문에 대략적으로 살펴보기로 하자.

• 야해서 현재진행형으로 못 쓴다?

첫 번째 : be동사 – am, are, is

두 번째 : 마음, 감정 등을 나타내는 동사
– wish, love, like, dislike, hate, resemble 등

세 번째 : 기본적으로 '가진다'는 소유의 의미가 있는 동사
– have, belong, own

네 번째 : 상황을 이해하거나 판단을 의미하는 동사
– agree, understand, know, forget, believe, need, want 등

다섯 번째 : 보고 듣고 냄새 맡고 맛보고 접촉하는 것을 의미하는 동사
– see, hear, smell, taste, feel 등

첫 번째로 be동사 am, are, is는 현재진행형으로 쓰이지 않는다. am, are, is는 그 꼴이 일정하여 각각의 ing형이 없다. 시제에 따라 각각 was, were, was로 변하기는 하지만 그 이외의 상황에는 변하지 않는다. 이 또한 be동사가 힘이 세서 그렇다. 곧 be동사는 현재진행형을 만드

는 중심축이기에 쉽게 변하지 않는다. 일반 동사는 순서상으로도 be동사 뒤에 위치하여 be동사라는 중심축에 따라 움직이는 것이라 보면 이해하기 쉬울 것이다. be동사에 비해 일반 동사는 변하기 쉽다. 비유하자면 **be 동사가 지조 있는 사람이라면 일반 동사는 바람둥이**flirt여서 상황에 따라 잘 변한다. 현재진행형이든 과거분사든 간에 변하는 것은 be동사가 아닌 일반 동사이다. be동사가 과거분사로 바뀌더라도 그 꼴은 항상 be동사의 기본형 be가 변한 과거분사 been만 있을 뿐 am, are, is는 각각에 해당하는 과거분사도 없다.

두 번째인 마음, 감정을 나타내는 동사와 세 번째 소유의 의미가 들어 있는 동사들은 현재진행형으로 쓰지 않는다는 것에 대해서는 영국인 친구에게 자문을 구해 보았다. 그와 많은 이야기를 나누고 나름대로 숙고 끝에 내린 결론은 바로 이것이다.

현재진행이란 일시적인(순간적인) 동작temporary actions을 의미한다. 가령 'I love you.'를 'I am loving you.'라고 틀린 문법으로 말하더라도 이를 듣는 원어민은 감각적으로 분별하여 느낄 수는 있다고 한다. 하지만 그 뜻은 너를 사랑하지 않았는데 지금은 사랑한다는 의미로 들릴 수도 있으며, 사람에 따라서는 진행형이라는 특성 때문에 성적인sexual 느낌까지도 받을 수 있다는 것이다. 원어민들은 너를 사랑하고 있는 중(loving

chapter 6 기본에서 한걸음 더

you)이라는 말을 들으면 두뇌 속에 강인하게 각인되어 있는 언어적 습관에 의해 반사적으로 일시적, 순간적인 동작을 느껴 그처럼 반응하는 게 아닌가 싶다.

소유의 의미가 있는 동사 중 가장 대표격인 have를 사용하여 'I am having you.' 라는 문장을 만들어 보자. 물론 이 문장 또한 어법상 틀린 문장이다. 하지만 이렇게 말한다면 이를 받아들이는 사람에 따라 어느 정도 느낌이 달라지겠지만 'I am loving you.' 보다 더 강렬한 성적인 느낌을 받는다고 한다. 이는 have의 가장 기본적인 의미인 '소유하다' 라는 것과 연관시키면 충분히 납득이 가는 내용이다. have를 성性과 연결시켜 사용한 문장들을 살펴보면 재미있는 것을 발견할 수 있지만 자칫 엉뚱한 길로 샐 수 있기에 설명은 삼가기로 한다. 내가 틀린 어법들임에도 굳이 문장들을 만들어서 설명한 것은 일시적인 동작을 의미하는 현재진행형을 독자들에게 보다 쉽게 전달하고자 하는 의도도 있지만 보다 큰 목적은 문장을 만들거나 말을 하는 데 이러저러한 문법들에 지나치게 얽매이지 말라는 것이다. 구더기 무서워 장 못 담그는가? 일단 하고 보라!

네 번째 또한 위의 두 번째, 세 번째와 어느 정도 연관되어 있다고 본다. 상황을 이해하거나 판단하는 데 일시적인 동작이 들어갈 만한 요소가 없기 때문이다. 동의agree 이해understand 안다know는 것은 비록 동의하거나 이해하거나 알게 되어 그에 따른 동작이 나올 수 있을지는 몰라도 그 말 자체에 있어서는 동작을 의미하는 말이 아니다.

다섯 번째는 우리가 감각을 느끼는 눈, 귀, 코, 입, 신경nerve을 통해 각각 보고see 듣고hear 냄새 맡고smell 맛보고taste 느끼는feel 것을 의미하는 동사를 말한다. 이들 모두는 지각동사a verb of perception라 불리는 단어들이다. 이 지각동사들은 뼈대는 아니지만 근육muscle과도 같은 역할을 한다. 영어의 여러 요소에 생각보다 복잡하게 걸쳐 있는 녀석이라는 말이다. 여하튼 지각동사도 현재진행형을 취하지 않는다. 지각동사에 대해서는 원래 이 책에서 의도한 바는 아니었지만 현재진행형에 대한 설명이 끝나는 대로 좀 더 자세히 설명하기로 하고 우선 다음으로 넘어가기로 하자.

한편, 이런 분류는 편의상 나눈 것일 뿐 절대적인 것이 아니고 개인의 주관에 따라 언제든 달리할 수 있다. 가령 어떤 이들은 want를 나처럼 네 번째 그룹이 아닌 두 번째 그룹에 넣어 분류하기도 하고 feel 또한 다섯 번째가 아닌 두 번째로 분류하기도 한다. 이는 관점과 주관에 따라 이쪽일 수도 있고 저쪽일 수도 있을 뿐만 아니라 서로 겹치는 부분도 있기 때문이다. feel 같은 경우는 많은 사람들이 두 번째 분류에 넣지만 내가 다섯 번째 분류로 집어넣은 것은 지각동사와 같이 묶어 두면 편하기 때문이다. 두 번째 그룹인 '마음 감정 등을 나타내는 일반 동사' 부류에도 당연히 포함될 수 있다.

내가 feel을 다섯 번째로 분류한 것은 다소 억지 궤변같이 sophistically 들릴지도 모르겠다. 하지만 느낌이라는 자체도 시각적인 것이 되었든 미각, 후각적인 것이 되었든 간에 외부로부터 어떤 자극이 있어야 느낄 수 있다는 것이 내 생각이다. 물론 두 번째 분류에 넣어야 맞다고 일방적으로 주장하는 사람들에게는 내가 양보하기로 한다. 이것도 맞을 수 있고 저것도 맞을 수도 있다. 또한 지엽적인 것을 가지고 시간을 소모할 정도로 한가하지도 않다. 갈 길이 아직 멀다.

다섯 번째로 분류한 것 중에 하나인 see는 현재진행형으로 쓸 수 없다고 하지만 우리말로는 이 see와 비슷하게 번역되는 **look, watch 등은 현재진행형으로 쓸 수 있다.** 얼마 전에 어떤 강사instructor 한 분이 강의하는 것을 우연히 들었는데 see, look, watch 등을 모두 '보다' 라는 의미로 한데 묶어 설명하곤 바로 다음으로 넘어갔다. 그 일방적인 강의에서 그 많은 학생들 중에 질문하는 사람이 한 명도 없는 것을 보고 조금 슬퍼진 적이 있었다.

see는 그냥 일반적인 '본다' 는 의미이다. 별 신경 쓰지 않고 본다는 것이다. 그래서 'I see.' 가 '나는 본다.' 는 의미 이외에도 '나 알아.' 라는 의미로까지 쓰인다. 본다는 말 중 see가 가장 보편적이고 일반적인 말이기에 알겠다는 의미로까지 의미가 확대되고 보편화된 것이다. 우리가 '백 번 듣는 것보다 한 번 보는 것이 낫다' 는 말을 누구나 알고 있듯이 서양에서도 '눈으로 보아야 믿겠다. (To see is to believe.)' 는 말이 보편화되어 있다. 인종을 떠나 인간이 가진 보편적인 심리general psychology 중 하나가 그 말의 기저에 자리 잡고 있지 않을까 하는 것이 내 생각이다.

see와는 달리 watch는 '주시注視하다' 는 의미가 강하다. 주시란 무엇일까?

일정한 대상물을 계속 본다는 의미이다. watch가 명사로 쓰이면 손목시계라는 뜻이다. 손목시계를 볼 때 시간을 자세히 보는 것, 그것이 watch의 기본 개념이다.

look은 '쳐다보다'는 의미이다. watch의 날카로움에 비해 다소 무딘dull 느낌이 있지만 이것이 특히 전치사 at과 결합할 때는 watch보다 더 날카로운 느낌이 난다. 이 at이라는 말의 감각도 알아 두면 좋다. at의 기본 감각은 화살촉arrowhead처럼 무언가 날카롭게 찌르는 느낌이다. 그래서 학생들이 딴 짓하고 있을 때 쓰는 말이 'Look at me!' 이다. 딴 데 보지 말고 나를 향해 눈을 화살처럼 박고 보라는 것이다.

아무튼 watch나 look은 see와는 분명 다른 의미를 가지기에 현재진행형으로 얼마든지 쓸 수 있다.

hear 또한 see처럼 일반적인 '듣다'라는 의미이다. 별 신경 안 쓰고 듣는다는 것이다. 반면 listen은 신경을 써서 집중하며 듣는다는 의미로 hear와는 의미상의 차이가 있다. 하여 hear가 현재진행형으로 쓰일 수 없는데 반해 listen은 쓸 수 있다.

현재진행형으로 쓸 수 없는 세 번째 그룹으로 분류된 have에 대해 조금 더 살펴보고 설명을 마치고자 한다. 소유 곧, '가지고 있다' 는 의미로 쓰인 경우 have는 현재진행형이 될 수 없지만 '먹는다' 는 의미로 쓸 때는 현재진행형으로 쓸 수 있다.

　have와 eat은 둘 다 '먹다' 라는 의미를 가지고 있지만 have는 eat보다는 좀 더 정중한 말로 우리말로는 '들다' 정도의 의미이다. 아무튼 have가 무언가를 가지고 있다는 소유의 의미가 아닌 음식을 먹다라는 의미로 쓰일 때에는 현재진행형으로 쓸 수 있다.

> I am having lunch. (O) 나는 점심 먹고 있는 중이다.
>
> I am having a credit card. (×)
> 가지고 있다는 소유를 나타내므로 현재진행형을 쓸 수 없다.

지각동사 feel, taste, smell

　지각동사의 지각知覺은 perception을 번역해서 만들어 낸 말이다. perception은 인식, 인지, 지각 정도로 풀이할 수 있는데 정리하자면 외부로 부터 오는 시각, 후각, 미각, 촉각 등의 감각적인 것을 받아들여 사물을 분별하고 판단하여 안다는 의미이다.

　지각동사에는 feel, taste, smell, sound, look 등이 있다. 이들이 나오

면 우리말로는 부사가 나와야 할 감각에도 형용사가 쓰인다. 이 또한 우리말과 영어 사이의 language gap이라 볼 수 있을 것이다. 다음을 보기로 하자.

I feel snug here. 나는 느껴진다, 여기가, 아늑하게 → 나는 여기가 아늑하게 느껴진다.

These pears taste sweet. 이 배들은 맛이 난다, 달게 → 이 배들은 단 맛이 난다.

These cookies smell bad.
이 쿠키들은 냄새가 난다, 나쁘게 → 이 쿠키들은 나쁜 냄새가 난다.

How about having dinner with me tonight? That sounds good.
그거 들린다, 좋게 → 그거 좋게 들린다. → 그거 좋지.

예문들을 보면 어느 정도 영어에 감각이 있는 사람이다 싶으면 snug 대신 snugly가 sweet 대신 sweetly가, bad 대신 badly가, good 대신 부사형인 well이 나와야 하지 않을까 싶을 것이다. 하지만 위 문장 모두 형용사가 나와야 한다. 이는 우리말과 다른 영어가 가진 특성이다. 이는 감각이나 습관적으로 익혀 놓는 것이 좋다. 지각동사라는 것이 나오면 우리말로 부사가 나와야 할 것 같은 감각에도 형용사가 나온다는 것을 잊지 말자!

다음으로 살펴볼 것은 한 문장에 동사는 하나만 나와야 한다는 기본 원칙을 깬 것들이다. 동사는 상황에 따라 두 개 나올 수도 있다. 바로 예문을 보기로 하자.

① I **feel** you **shiver** with cold. 나는 네가 추위로 떠는 것을 느낀다.

② I **heard** him **play** the guitar. 나는 그가 기타를 연주하는 것을 들었다.

③ You **saw** me **go** out. 너는 내가 나가는 것을 봤다.

위 예문들에는 모두 한 문장 안에 일반 동사가 두 개씩 나왔다. ①번만 둘 다 현재형일 뿐 ②③번 모두 앞에 나온 지각동사는 과거형이고 뒤에 나온 동사들은 모두 현재형이 쓰였다. 앞에 나온 지각동사는 현재형이든 과거

chapter 6 기본에서 한걸음 더

형이 되었든 상관 없다. 앞에 나온 동사는 그냥 나름대로의 뜻을 지니면서 동시에 현재, 과거, 미래를 표시를 해준다. 가족으로 비유하자면 장남이라 할 일이 많은 것이다. 두 번째로 나온 동사들은 앞에서 지각동사들이 각각 미리 '나, 현재야!' '나, 과거야!' '나, 미래야!'라고 표시했으니 가장 편안한 기본자세인 현재형이 나온다. 복잡하게 하기 위해서 그러는 것이 아니라 간단하게 하기 위해서 현재형이 나온 것이다. 또한 두 번째 나오는 동사는 주어가 아닌 주어의 대상(①번 you ②번 him ③번 me)을 설명하거나 묘사해준다.

①번에 있어서 느끼고(feel) 그 느낀 것을 말하는 것은 I지만 떠는 것(shiver)은 I가 아닌, 그 대상인 you이다. 정리하자면 주어인 내가 지각(feel)한 것과 그 대상인 네가 취한 행동(shiver)이 다름에 어쩔 수 없이 동사가 두 개 나온다는 것이다.

②번 역시 들었던 것은 I지만 기타를 연주한 것은 내가 아닌 대상인 him이다. 주어인 I가 그 대상 him이 행한 기타 연주(play the guitar)를 들었다는 것이다. 즉 I가 들은 것(heard)과 대상인 him이 기타를 연주한 것은 별개이지만 문장의 중심축인 I로서는 한 문장 안에 이 두 행위를 소화해내기 위해 어쩔 수 없이 동사가 두 개 나왔다고 본다.

③번 역시 나를(me) 본 것은 you이지만 나간 것(go out)은 주어인 you가 아닌 me이다. 나간 것(go out)을 행한 것은 주어인 you가 아닌 me인

것이다.

한편 위의 모든 예문에서 보듯 두 번째 나오는 동사는 우리말로 해석할 때는 '~하는 것을' 정도의 해석이 나온다.

지각동사에 대해 마지막으로 살펴보자. 이해를 돕기 위해 바로 위의 예문을 변형시켜 보기로 하자.

① I felt you shiver with cold.
❶ I **felt** you **shivering** with cold.
② I heard him play the guitar.
❷ I **heard** him **playing** the guitar.
③ You saw me go out.
❸ You **saw** me **going** out.

뭐 별거 없다. 설명도 간단하다. ①②③번 문장에서 동작, 행위를 부각시키고자 할 때 동사 원형 대신에, 동사 원형에 ing를 붙여 주면 된다. 곧 ①번은 shiver를 shivering이라고 해서 행동을 부각시켜 표현한 것이고 ②번 역시 play에 ing를 붙여 동작을 부각시켰다. ③번 역시 마찬가지로 go 대신 going을 써서 go를 쓴 것보다 나가고 있는 동작을 부각시키고 있다.

즉 주어가 지각한 대상(목적어)의 동작이나 행동을 나타내는 동사는 동사의 기본(동사원형) 모습 그대로 써도 되지만 동작을 좀 더 부각시키고자 할 때는 좀 더 현장감 있게 동사 원형에 ing만 붙여 주기만 하면 되는 것이다.

사역동사, 오락가락 (come & go) 동사

- **Let me be your man**

사역使役동사는 줄여서 사동사라고 말하기도 하는데 여기서 사使는 '부려 먹다' '시키다' 정도의 의미를 지닌다. 말하는 주체가 스스로 하지 않고 상대방(대상 또는 대상물)에게 무엇인가를 하게 한다고 해서 사역동사라 이름 붙인 듯 싶다.

우리말로는 사역동사에 해당하는 말로 '시키다' '~하게 하다' '~하게 만들다' 가 있다면 영어에서는 make, have, let 정도가 있다. 또 준사역동사라 하여 대표적으로 꼽는 get, help 이외에도 force, advise, ask, allow, forbid 등 수많은 단어를 준사역동사라고 분류해 놓기도 한다. 우선 대표적인 사역동사로 꼽히는 make, have, let에 대하여 알아보기로 하자.

① **Your kids make me laugh.** 너의 꼬마들(자녀들)이 나를 웃게 만든다.

② **I'll have my husband bring the cake.**
내가 내 남편에게 케이크를 가져오도록 시키지.

③ **Let me be your man.** 나를 네 남자가 되게 해 줘.

①번부터 ③번까지 모두 지각동사와 비슷한 원리이므로 짧게 설명하겠다. ①번에 있어서는 your kids가 주어이지만 웃는 것(laugh)은 대상인 me이다. ②번은 내가(I) 시키지만 가져오는 것은 내 남편이다.

③번은 주어인 you가 생략되어 있는 상황이다. 곧 내가(me) 되게 해 주는 것 (let)은 생략된 주어 you이지만 your man이 되는 것은 you가 아닌 나(me)인 것이다. 하여 지각동사와 유사한 원리로 한 문장 안에 동사를 두 개나 쓸 수 있는 것이다.

한편, make는 좀 강압적으로 시킬 때 사용하는 경우가 많고 have는 누구한테 부탁을 하거나 make 보다는 덜 강압적인 상황에서 시키는 경우에 많이 사용한다. let은 상대에게 허락을 구하는 말로 좀 더 부드러운 느낌이

든다. 어감의 강도에 따라 분류하자면 make 〉 have 〉 let 정도가 될 것이다. 물론 이는 암기가 아닌 느껴야 할 부분이다.

• **오락가락 동사**

내가 재미있어 하는 문법이다. 오락가락 동사라는 이름을 김송자 선생님께서 붙이셨는지 다른 사람이 붙였는지는 잘 기억나지 않지만 아주 간단하고 재미있게 배웠다.

Come to see me. Come see me.
Let's go to meet them. Let's go meet them.

설명하고 자시고 할 필요도 없다. 위 문장들은 모두 다 완벽하게 맞는 문장들이다. 틀린 것 하나 없다.

우리나 서양인들이나 인간은 오고 가는 등 움직임이 많은 동물이다. 오락가락 come&go 자주 쓰다 보니 정신도 오락가락해서인지 아니면 귀찮아서인지 to를 빼고도 많이 쓴다. to를 써도 맞고 to를 생략해도 맞는 문장인데 아마 백여 년쯤 뒤 사람들은 아예 to를 쓰지 않아 to를 넣으면 문법상 틀린 문장이 될지도 모를 일이다.

의문사 what, when, how

의문사 역시 현재진행형과 마찬가지로 be동사와 일반 동사를 완전히 습득하고 나서 배워야할 부분이다. be동사와 일반 동사를 완전히 학습했다면 이제껏 내가 잘 써온 말로 아무 것도 아니다.

그렇다면 의문사라는 것은 무엇인가? 의문사에는 who(whom, whose) when, where, what, why, how 등이 있다고 한다. 의문사는 상대방에게 대답을 이끌어 내기 위하여 상황에 맞게 물어보는 말로 문장을 의문문으로 만들어 주는 역할을 한다. 영어에서는 5W1H라고 부른다. 이번에는 의문사를 이용하여 독자들 스스로 아래에 있는 문장을 바꾸어 보도록 하자. 틀리는 것을 두려워 말자. 도리어 많이 틀리시길 바란다. 하지만 고민하며 진지하게 틀리시길 바란다. 그리고 고민을 하며 느낀 갈증 thirst을 답을 보며 시원하게 푸시길 바란다.

① I'm tired. → 너 왜 피곤한데?

② She is my sister. → 그녀는 누구니?

③ 영기 goes to Vietnam. → 언제 영기가 베트남에 가니?

④ You want to meet my boss. → 너는 어디에서 내 사장을 만나길 원하니?

⑤ He is going to meet the president tomorrow.
→ 그가 내일 어떻게 대통령을 만날 거래?

chapter 6 기본에서 한걸음 더

①번의 '나는 피곤하다.' 는 말을 듣는 상대방은 내가 왜 피곤한지 이유를 모를 수 있다. 일단 의문형 꼴로 바꾸어 보면 'Are you tired?' 가 될 것이다. 여기에 be동사 are 앞에 왜 피곤한지 그 이유를 묻는 why를 붙여 주면 된다. 정리하자면 '나는 피곤하다.' 라는 말을 듣고 '너 왜 피곤한데?' 라고 묻고 싶다면 be동사인 are가 나왔으니 주어와 동사의 위치를 바꾸어 일단 물어보는 꼴로 만들어 주고 그 앞에 '왜' 에 해당하는 why를 써 주면 되는 것이다.

①번 답 → Why are you tired?

②번은 '그녀는 나의 누이이다.' 라는 문장이다. 그녀가 내 누이인지 여자친구인지 모르는 친구 녀석은 내게 '그녀는 누구냐?' 라고 물을 수 있다. 'She is my sister.' 에서 who에 해당하는 말이 바로 my sister이다. 의문문 형태에 맞게 주어와 동사의 순서를 바꾼 후 who를 넣으면 된다.

②번 답 → who is she?

③번은 '영기는 베트남에 간다.' 는 문장이다. 누군가에게서 영기가 베트남에 간다는 소리는 듣기는 들었는데 언제 갈지 모르면 '언제 영기가 베트남에 가냐?' 고 물어볼 수 있을 것이다.

'가다' 에 해당하는 go가 일반 동사이고 영기는 나도 너도 여럿도 아닌

205

3인칭 단수이기에 일단 dose가 앞에 나와 물어보는 형태를 갖추고, 3인칭 단수는 does가 이미 표시했으니 goes를 원래 꼴인 go로 바꾸어 준 다음 언제라는 뜻의 when을 does 앞에 써 주면 된다.

③번 답 → When does 영기 go to Vietnam?

만약 어떻게 가느냐고 묻는다면 when 대신 how를, 왜 라고 묻고 싶으면 why를 대신 써 주면 된다. 하지만 여기서 where은 나올 수 없다. 이미 장소에 해당하는 Vietnam이 나왔기 때문이다.

④번은 '너는 나의 사장을 만나길 원한다.' 는 문장이다. want라는 일반 동사가 나왔고 대상이 you이니 일단 do를 써서 일반 동사가 나왔다고 표시해 준다. 그리고 나서 '어디에서'에 해당하는 where를 그 앞에 써 주면 문장 완성이다.

④번 답 → Where do you want to meet my boss?

왜냐고 이유를 묻고 싶다면 where 대신 why를, 어떤 방식으로 만나고 싶으냐고 묻고 싶다면 how를 써 주면 되는 것이다. 상황을 하나 더 설정하자면 이 사람이 누구를 만나러 오긴 온 거 같은데 정확히 누구를 만나러 온지 몰라 '누구 만나기를 원하시냐?'고 묻고 싶다면 'who(whom) do chapter 6 기본에서 한걸음 더

you want to meet?'라고 하면 된다. who가 나와도 맞고 whom을 써도 맞다. 우리말로도 '너 누구(who) 만나길 원해?'라는 말을 '너 누구를 만나길 원해?'라고 물어 보아도 어색하지 않듯 영어 또한 마찬가지이다.

⑤번은 이미 우리가 공부한 내용이다. 이 경우에 있어서는 기준은 ①②번과 같다. 곧 be동사를 중심축으로 ①②번과 같은 원리를 적용하여 바꾸어 주면 되는 것이다. 앞서 여러 차례 말한대로 일반 동사보다 be동사가 힘이 더 세서 쉽게 변하지 않는다. 외형만을 보아도 바뀐 것은 일반 동사인 go 이지 be동사 is가 아니다.

우선 묻는 꼴로 바꾸어 준다. 거기에 how를 문장 맨 앞에 놓으면 된다.

⑤번 답 → How is he going to meet the president tomorrow?

물론 how 대신 where, why도 얼마든지 바꾸어 물어볼 수 있다. 하지만 what이나 when, who(whom)로는 물을 수 없다. 이건 영어 이전에 국어의 문제이다. 사람이 물건이 아니니 what을 쓸 수 없고 tomorrow라는 시간이 이미 설정이 되어 있기에 when이 나오는 것은 맞지 않고 대통령이라는 만나고자 하는 인물이 이미 설정되어 있기에 who(whom)도 어울리지 않는다.

한국인을 안타깝게 하는 수동태

중고등학교에 다닐 때 영어 시간에 능동태_{能動態}다, 수동태_{受動態}다 해서 배운 기억들이 지금도 난다. 배운 기억만 나고 내용은 거의 생각나지 않지만.

능동태와 수동태는 영어로 각각 active voice, passive voice라고 한다. 능동태와 수동태라는 말에서 모양, 꼴 등을 의미하는 한자어 태_態라는 말보다 영어에서 voice라는 말이 쓰인 것이 내게는 더 흥미롭다. 수동태와 능동태라는 말에서 왜 목소리, 음성, 좀 더 나아가 봐야 성음, 발성, 정도의 뜻을 지닌 voice라는 말을 쓴 것인지 자못 궁금하여 영국인 친구에게 자문을 구했다. 그에 의하면 여기서 쓰인 voice는 'what's being said' 정도의 의미라고 한다. 곧, 우리말로는 '말하여 지는 것' 이란 뜻이다.

active voice는 적극적으로 말해지는 것, passive voice는 소극적으로 말해지는 것이다. 조금 더 쉽게 설명하면 문장 내에서 말하는 주체(기본적으로 주어)가 다른 사람이나 물건, 사고 등의 외부

요인에 의해 영향을 받느냐(passive voice), 영향을 받지 않느냐(active voice)에 따라 수동적으로 말해지는지 능동적으로 말해지는지가 결정된다고 해서 voice라는 말을 사용한다는 것이다.

수동태라는 말이 옛날 일본 학자들이 쓴 말을 그대로 가져다 쓴 것인지 우리나라 영문 학자들이 만든 용어인지 하는 쓸모없는 논의는 접어 두고 일단 용어를 확실히 정의하고 본론으로 들어가고자 한다.

> **능동태(active voice)**
> - 다른 사람이나 외부의 조건, 도움 없이 스스로 움직이는 형태.
>
> **수동태(passive voice)**
> - 다른 사람이나 외부의 도움이나 조건을 받아 움직이는 형태.

수동태는 과거형이 아닌 과거분사를 사용한다. 능동태 문장인 'I love you.'를 수동태로 바꾸면 'You are loved by me.(너는 사랑 받아진다, 나에 의해서)'로 바뀐다. 여기서 쓰인 love는 물론 과거가 아닌 과거분사이다.

과거분사는 내가 학교 다닐 때 pp(past participle : 과거분사)라고 해서 영문 모른 채 과거형과 함께 무조건 암기한 것이다. 자세한 설명은 chapter 7에서 하겠다. 다만 여기에서 말해 두고 싶은 것은 수동태를 만들 때는 동사의 과거형이 아닌 과거분사를 사용한다는 것이다.

독자 여러분들은 일반 동사보다는 be동사가 힘이 세다는 사실을 기억하고 계시리라 생각한다. 또한 형태가 바뀌는 것은 중심축인 be동사가 아니라 일반 동사라는 것도. 일반 동사보다 힘이 센 것이 be동사이기 때문에 be동사는 시제를 표시하는 기준점 역할을 하고 이에 따라 몸의 형태를 바꾸는 것은 힘이 약한 일반 동사라는 것도 기억하시리라 믿는다. 설혹 잊었으면 어떤가? 다시 공부하면 되는 것이지.

수동태 문장도 기본 원리는 그리 복잡한 것이 아니다. 말하는 시점이 현재면 현재, 과거면 과거를 중심축이 되는 be동사에 반영해 주고 그 뒤에 나오는 일반 동사를 과거분사 형태로 바꾸어 주면 *game over!*

이제 수동태가 무엇인지 직접 예문으로 살펴보자.

① His daughter loves the kids.

❶ The kids are loved by his daughter.

② My foreign friends call me 'Chic Snake'.

❷ I am called 'Chic Snake' by my foreign friends.

③ They speak Tagalogs in the Philippines.

❸ Tagalogs are spoken in the Philippines (by them).

①번은 '그의 딸은 그 꼬마들을 사랑한다.'는 문장을 수동태 형식인 '그

꼬마들은 사랑 받아진다, 그의 딸에 의해.' 라는 문장으로 바꾼 것이다. 앞서 살펴본 대로 여기에 쓰인 loved는 과거형이 아니라 과거분사이다. ①번에서는 주어가 그의 딸(his daughter)이었는데 ❷번에서는 '그 꼬마들' 이 주어로 쓰였다.

① His daughter loves the kids. 그의 딸은 그 꼬마들을 사랑한다.

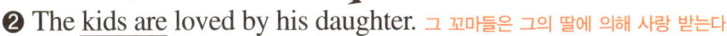

❷ The kids are loved by his daughter. 그 꼬마들은 그의 딸에 의해 사랑 받는다.

꼬마들이 꼬마들 스스로를 사랑하는 것이 아니고 그의 딸(his daughter)에 의해(by) 사랑받는 것(are loved)이다.

참고로 kid를 '어린이'가 아닌 꼬마라고 해석한 것은 원래 어린이에 가까운 것은 child이기 때문이다. kid의 원래 뜻은 새끼 염소이다. 서양인들은 새끼 염소가 귀엽다고 여겨서 그런지 child 대신 kid를 많이 사용한다. 나는 언어에는 똑같은 말은 없다는 그 고집으로 굳이 kid를 어린이가 아닌 꼬마로 번역해 보았다.

②번 지문은 나에 대한 얘기이다. 내가 실제로 쓰고 있는 내 영어 이름이 Chic Snake이다. 물론 내가 만들어 사용하는 이름이지만 어쨌거나 내가 부르기보다는 내 외국인 친구들에 의해(by my foreign friends) 불려지

는데(am called) 그것이 Chic Snake라는 것이다.

　③번의 '필리핀에서는 타갈로그어를 말한다.' 라는 능동형 문장을 ❸번의 문장 수동형 즉, '타갈로그어가 필리핀에서 말해진다.' 로 바꾼 것이다. by them은 써도 되고 안 써도 된다. ③번의 they나 ❸번의 by them이나 뻔히 필리핀 사람들인지 안다. ❸번의 by them은 얼마든지 생략해도 가능하지만 ③번의 they는 주어로 쓰였기에 생략하지 못할 뿐이다. 비인칭 주어(가주어)라며 아무 뜻 없이도 it을 주어랍시고 넣어 주는데 여기서 굳이 주어로 쓰인 they를 생략할 이유가 없다. 주어의 자리를 메워야 하기 때문에 they는 생략할 수 없는 것이다.

　반면 ❸번에서는 문맥상 뻔히 이미 타갈로그어가 필리핀에서 쓰인다고 파악되었는데 주어도 주요 대상도 아닌, 쓸데없는 치장이 되고 만 by them을 반드시 사용할 필요가 없다. 적어도 내 성질에는 by them을 쓰지 않는다.

　필리핀에는 수십 종류의 타갈로그어가 있다고 알고 있다. 우리나라에서는 사투리dialect로도 의사소통communication에 큰 지장이 없는데 반해 그네들은 서로 다른 타갈로그어로 인해 기본적인 의사소통마저 지장이 있기에 영어를 공용어로 채택했다고 한다. 그런 배경에는 효과적으로 나라를 통치government하고자 하는 의도가 크게 작용했다고 배낭여행 중 현지인native에게서 들은 기억이 난다. 얼마 전에도 지하철 안에서 우연히 옆 자리에 앉은 필리핀 인에게 일부러 접근하여 다시 한 번 확인하기도 했다.

우리나라 학생들이 필리핀으로 영어 공부를 많이 하러 가는데 나는 그것을 참 웃긴다고 생각한다. 나는 개인적으로 필리핀을 좋아해 배낭여행을 두 번 다녀온 적이 있다. 예전에 내가 마닐라 안에 있는, 외국 여행자들 사이에 많이 알려진 Makati 지구의 한 숙소에 머물고 있을 때였다. 국적이 다들 달라 보이는 사람 몇 명과 한 방을 썼는데 그 중에서 한 영국인이 내게 필리핀 인들에 대해 한참 동안 불평complaints을 했다. 비영어권 손님들에게는 비록 필리핀식 영어지만 잘도 하면서 정작 영어권 사람들한테는 영어로 말하는 것을 꺼려 하는 경우가 많다는 것이었다.

우리나라는 필리핀에 절대 뒤지지 않을 뿐만 아니라 오히려 앞설 정도의 학습량과 열의enthusiasm를 보이고 있다. 게다가 매해 막대한 돈을 쏟아 부으면서도 왜 그들보다 영어는 못하는가? 이렇게 생각하면 안되지만, 우리나라보다 국력이 약한 필리핀으로 공부하러 가려고 왜 그리들 야단이란 말인가!

흥분을 가라앉히고 다시 예로 돌아가 보자. ③번과 ❸번에 해당하는 것 중에 하나만 더 짚어 보고 다음으로 넘어가자.

우리는 보통 나라 이름 앞에는 the를 쓰지 않는 것으로 알고 있다. 하지만 위 예문에서는 the Philippines로 쓰였다. 필리핀을 사전에서 찾아보면 재미있는 것이 하나 있다. 'the Philippine islands'라고 나와 있는 대목이다. 필리핀 제도諸島라는 말도 있다. 내가 주목하는 것은 'the ~ islands' 와 필리핀 제도에서의 제諸자이다. 제는 여럿, 많은이라는 뜻과 함께 모든이라는 뜻을 함께 지닌다. '제도' 란 모든 섬이라는 뜻으로 풀이할 수 있다.

정해진 것에 the를 쓴다는 것은 이미 배웠다. 국가라는 것은 아마도 특별히 정해 주지 않고도 누구나 뻔히 알고 있을 뿐만 아니라 그 자체로도 고유명사이기 때문에 the를 쓰지 않는 대신 첫 글자를 소문자가 아닌 대문자로 쓰지 않나 싶다. 하지만 필리핀은 7천여 개 안팎의 크고 작은 섬으로 이루어진 나라이다.

특히 남쪽 지방에는 크고 작은 섬들이 어지러울 정도로 많이 분포되어 있고 말레이시아Malaysia, 인도네시아Indonesia와 바다를 사이에 두고 인접해 있다. 그래서 이 만큼의 섬까지 우리 땅, 우리 영해the territorial waters라고 정하는 의미에서 the를 붙이지 않나 싶다.

미국은 50개의 주states가 모여 이루어진 나라이다. America라고 할 때는 the를 붙이지 않지만 50개의 주를 한정해서 부를 때는 the United States라고 많이 쓴다. 이것을 더 줄여 the States라고도 적지 않게 사용한다.

다시 수동태로 돌아가 보기로 하자.
수동태라고 해서 전치사로 반드시 by가 나와야 하는 것은

아니다. 문맥에 따라 다른 전치사도 얼마든지 나올 수 있다. 다음을 보기로 하자.

① Do they know me?

❶ Am I known **to** them?

② Biology interested us.

❷ We were interested **in** biology.

③ Her happy smile pleased me.

❸ I was pleased **with** her happy smile.

위 예문들은 수동태 문장이라고 해서 반드시 by만 쓰이는 것이 아니라는 것을 보여 준다. 물론 by를 쓰는 경우가 가장 많다고 볼 수 있지만 위의 예들처럼 to, in, with, at 등을 쓰는 경우도 드물지 않다.

❶번 문장은 ①번 '그들이 나를 알아?' 라는 문장을 수동태인 '내가 그들에게 알려졌니?'로 바꾼 것이다. 여기서는 by가 아닌 to가 쓰였다. 이는 감각상의 문제라고 생각한다. 아무것도 아닌 것 같지만 솔직히 어렵다. 내 설명은 이렇다.

알려진 것은 내가 아닌 그들에 의한 것이지만 내가 그들에게 직접 알려질 수도 있고 다른 사람이나 소문을 통해 나에 대한 정보가 알려졌을 수도 있다. 그렇기에 by보다는 방향성을 지닌 to가 더 합리적이라고 본다.

②번은 '생물학이 우리의 흥미를 끌었다.'를 수동태 문장인 '우리는 생물학에 관심을 가지게 되었다.'로 바꾸었다. ②번의 주어는 사람이 아닌 '생물학'이다. 하지만 ❷번은 주어가 우리이다. 즉 우리가 동물학도 병리학도 임상학도 아닌 생물학(biology) 안에(in) 흥미를 가진 것이다. 그렇기에 by가 아닌 in을 쓰는 것이 더 합리적인 것이다.

③번 또한 '그녀의 행복한 웃음이 나를 기쁘게 했다.'를 수동태 문장인 '나는 그녀의 행복한 웃음에 기뻐졌다.'로 바꿨다. 우리말로는 '행복한 웃음에 의해'이니 by도 과히 나쁠 것 같지 않지만 '행복한 웃음에 의해'라는 번역보다는 '행복한 웃음에'나

'행복한 웃음으로' 정도의 감각을 느끼도록 애쓸 것을 권한다. 위의 예문들 중 ❸번이 명쾌하게 설명하기가 가장 애매하다. 무엇보다도 감각적으로 느껴야 하기 때문이다.

개인적으로 나는 ③번보다는 ❸번 표현에서 더 문학적이고 낭만적인 냄새를 맡는다. 비슷한 의미의 말이라고 하더라도 어떻게 말을 하느냐에 따라 상대방에게 호감favor, good feeling과 공감sympathy을 받기도 하고 미움hatred을 받을 수도 있다는 점은 언어의 묘한 매력 중의 하나이다.

수동태라고 해서 무언가 갑갑하기만 한 표현이라고 생각하는 사람이 있다면 그 생각부터 버리시길 바란다. 그 생각 자체가 수동태를 어렵게 만드는 요인factor이 되기 때문이다. 또한 우리가 자연스럽게 사용하는 문장들에 있어서도 수동태가 자연스럽게 쓰이는 경우가 많다.

그 예로 회화에서 잘 쓰는 표현 중 하나인 'I was not born yesterday.'라는 말이 있다. **born**은 **bear**의 과거분사형으로 물론 여기서 **bear**는 곰이라는 의미가 아닌 우리말로 낳다, 출산하다의 의미를 지닌 단어이다. 소리는 같되 뜻은 다른 동음이의어다. 이 세상에 스스로 태어날 수 있는 사람은 없다. 어머니에 의해 '낳아진' 것이다. 하여, 우리가 보통 '나 언제 언제 태어났어.' 라고 하지만 이 말 자체를 각도를 조금 달리해 생각해 보면 '태어나진' 것이다.

위 문장의 뜻을 직역하면 '나 어제 낳아지지(태어나지) 않았어.' 의역하자면 '나 어제 태어났을 정도로 어린(아무것도 모르는) 풋내기 아냐.' 라는 말이다. 상황에 따라서는 '알 건 다 아니 그만 열 받게 해!' 정도로까지 사용이 가능하다.

다음으로 수동태라 해서 by나 with 등의 전치사가 반드시 나와야 한다는 강박관념obsession을 버려라! 바로 위에서 살펴본 문장에서도 전치사가 나오지 않았다.

예를 들어 내가 마음에만 품고 입 밖으로는 감히 사랑한다는 비슷한 표현조차 하지 못한 여인에게서 먼저 "사랑해요."라는 말을 듣고 결혼까지 성공했다면 나는 세월이 어느 정도 흐른 뒤 그녀에게 이렇게 말할 수 있을 것이다. "I was thrilled when you confessed your love for me."

흔히 쓰는 표현 중 하나인 'I am interested in English.' 라는 문장을 살펴보자. 비록 흥미를 가진(interested) 것이 나(I) 이지만 내가 의도적으로 영어에 흥미를 가지려 했다기 보다는 내 마음이나 생각 등 나 자신도 모르는 무언가에 의해 흥미를 가지게 되었기에 수동태를 써준 것이라고 본다.

결국 수동태라는 것 또한 보다 효율적이면서도 표현을 조금이라도 더 풍부하고 자유롭게 하기 위해 사용하는 것이다.

전치사에 대해서는 따로 chapter를 마련하지 않고 그때그때 다루기로 한 만큼 여기서는 ❸번에서 나온 전치사 with에 대해 알아보자. 영어 공부를 하는 많은 사람들이 전치사에 대해 상당히 어려워하고 도무지 어떻게 공부해야 할지 방향을 잡지 못하는 경우가 많다. 그것은 당연하다고 본다. 다른 어떤 것보다도 더욱 섬세한 감각이 요구되는 것이 바로 이 전치사라는 녀석이기 때문이다. 우리말에는 전치사가 없지만 그와 비슷하게 난해한 조사가 있다. 주어나 명사 앞에 붙는 '은, 는, 이, 가'와 '~이고' '~이면' '~이지' '~이나' '~이니' 등등 우리말 여기저기에 쓰이는 조사들은 1년 동안 러시아 학생들에게 우리말을 가르치면서 가장 이해시키기 힘든 부분이었다. 또한 학생 개개인의 배우고 느끼려는 의지와 노력 여하에 따라 성취도가 확연히 차이가 나는 부분이기도 했다. 쓰임과 기능은 전혀 다르지만 우리말이든 영어든지 간에 무엇보다 느끼지 않고는 제대로 쓸 수 없는 민감한 부분이 바로 우리말의 조사와 영어의 전치사인 것이다.

with를 사전에서 찾아보면 '와 함께(같이)' '와' '데리고' '찬성하여' '~에 대하여(관하여)' '~에 있어서는' '~와 분리되어' '사용하여' '~로' '~으로' '~탓으로' '~을 가지고' '~몸에 지니고' '사용하여' 등등 무수하게 나열되어 있다. 사전만 보면 도무지 어떤 것을 기본 개념으로 삼아 with라는 놈을 익혀야 할지 머리가 아플 지경이다.

with에 대한 나의 기본 감각은 두 가지이다. 이것은 다만 내 생각일 뿐이니 참고만 하길 바란다. **첫 번째는 옆구리에 끼고 있는 느낌을, 두 번째로는 하나가 되려는 듯 손을 상대방의 어깨에 다정**

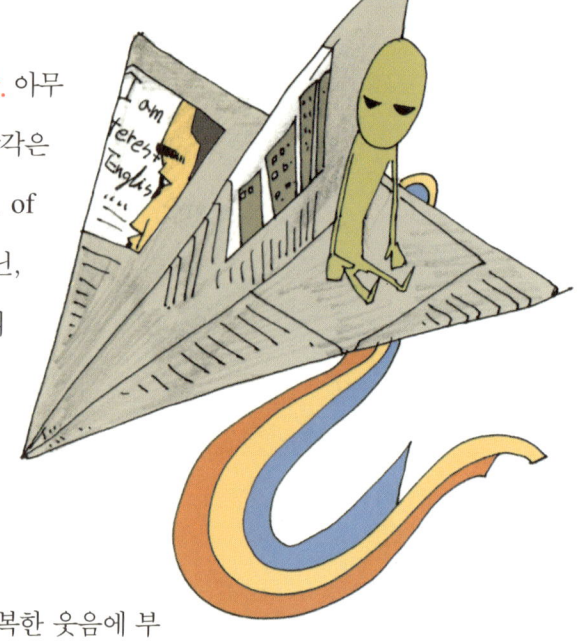

하게 올려놓는 느낌이다. 아무튼 with에 대한 전체적인 감각은 꽤나 부드러운 느낌이 든다. of처럼 그 자체라는 느낌이 아닌, 옆구리에 끼고 있는 정도의 느낌이 든다. 바로 ❸번의 문장에 쓴 with처럼 말이다. '그녀의 행복한 웃음'이 '나를 기쁘게' 하는 한 요인이 되고 내가 그녀의 행복한 웃음에 부분적으로 동화assimilation된 것이다.

'I fell in love with her.'라는 문장을 살펴보자. 나는 사랑 안에(in) 떨어졌는데(fell) 그것이 내가 그녀와 하나로 동화되듯 빠져 버렸다는 것이다. of처럼 하나로 묶이는 것이 아닌 하나는 되지는 못하지만 '하나가 되려는 듯한' 느낌이 든다.

다음으로는 at이 쓰인 수동태 문장을 하나 만들어 보자.

I was amazed at her speech.

chapter 6 기본에서 한걸음 더

at에 대해서는 이미 앞서 살펴본 적이 있다. 그때 나는 at은 화살과 같은 날카로움이 있다고 설명했다. 다른 어떤 것이 아닌, 바로 그녀의 연설이 화살처럼 날카롭게 나에게 꽂힌 것이다.

Tag 6

 Let's go grab a bite to eat.

grab은 기본적으로 '단단히 잡다' '움켜쥐다' 라는 의미이다. bite는 물론 '물다' 라는 동사지만 명사로 쓰일 때는 '묾' '물기'라는 의미이다. 문다는 것은 우리가 음식을 먹을 때 주로 하는 행위로 a bite라면 한 번 물기 곧, 한 입이란 의미로 이해 가능할 것이다. 하여 a bite는 먹는다는 행위를 포괄적으로 내포한다. 이는 우리말과 마찬가지 표현법으로 보인다. 예를 들어 '나, 어젯밤 무진장 마셨지.' 라고 누군가 말한다면 듣는 사람은 술이란 말이 안 나왔어도 당연히 술 많이 먹었으려니 생각할 것이다. 영어로도 마찬가지이다. 'I drank too much last night.'이라고 하면 우리말과 비슷한 뜻이 된다.
위 문장의 뜻은 '함께 먹을 거 하나 물러 나가지.' 우리말과 좀 더 가깝게 의역하면 '함께 먹을 거 사러 나가자.' 정도가 될 것이다.

 That's it.

예를 들면 친구하고 쇼핑을 가서 내가 마음에 들 만한 물건을 골라 보라고 시켰는데 드디어 친구가 마음에 드는 물건을 찾았다면 '(바로) 그거야!'라고 지적하며 쓸 수 있는 말이다. 또 '그렇지!' 하고 상대방의 말이 옳다는 것을 인정할 때도 쓰인다. 쓰이는 범위가 넓어, '더 필요한 거 없어요?' 라고 상대방이 물을 때 'That's it.'이라고 대답하면 '그게 다예요.' 라는 의미가 되어 'That's all.' 과도 바꾸어 쓸 수 있는 경우도 꽤나 있다. 누군가 나를 너무 귀찮게 한다거나 힘들게 하는 상황에서도 이 말을 쓸 수 있다. 이럴 땐 '더는 못 참겠어, 그만해!' 라는 의미가 된다.
한편, 'That's that.'은 의문을 가졌거나 고민을 하다가 드디어 결정을 했을 때 쓰는 표현이다. 이와 관련 문장을 하나 만들어 보자면 'That's that! I will quit the job!' 이 말은 '결정했어! 나 그 일 그만 둘 거야!' 라는 의미이다. 이 문장들은 많이 생각해 가며 익혀야만 하는 표현들이다.

I belong with the big guys.

보통 숙어를 통째로 암기하는 습관을 가진 사람들은 belong 하면 무조건 to가 따라 붙으므로 여기서도 with가 아닌 to를 써야 하지 않겠냐고 의문이 들 수 있다. 그러나 여기에서는 '~쪽으로 (→)'의 감각이 아닌 '동화되어 함께함'이란 의미가 더 필요하다. 그래서 with를 썼다. '나는 큰 녀석들과 함께 속해 있다.' 의역하자면 '나는 거물급에 속한다.' '나는 큰물에서 논다.' 정도로 해석을 조금 확대시킬 수 있겠다.

 She turns me on.

꽤나 잘 알려진 표현이다. '그녀는 너무 매력적이야.' '그녀는 너무너무 섹시해.' '그녀가 내게 흥미를 가지게 한다.' 대체적으로 '그녀가 나를 성적으로 흥분하게 만든다.'는 의미로 가장 많이 쓰이는 것 같다. 아무튼 너무너무 좋다는 의미를 지닌다. 도대체 어느 부분에서 이런 해석들을 가능하게 할까?
물론 turns on이 그렇게 만들었다. 보통 사전에서 turn on은 (TV, 라디오, 전등 등을) 켠다는 의미부터 시작해 10여 개 이상의 다른 뜻을 지니고 있다. 그렇다면 왜 turn on일까?
일례로 우리가 TV나 라디오를 켜고자 할 때 음陰이라 볼 수 있는 콘센트outlet에 양陽이라 볼 수 있는 플러그를 꽂는 순간, 음과 양이 접촉하는 상태가 된다. 이 플러그와 콘센트 안에 흐르는 전기가 닿아 있는 상태, 즉 접속되어 있는 상태가 on이다. 지금이야 대부분의 가전제품들이 리모콘remote control 하나로 조절할 수 있기 때문에 일일이 옛날처럼 돌리고 할 필요가 없지만 예전의 것들은 돌리거나 눌러 줘야 하는 경우가 많았다. 돌리거나 누르면 라디오 본체와 전기가 접촉된 상태(on)가 되어 작동한다. 하여 'She turns me on'은 '그녀가 나를 작동하게 한다.' 정도가 될 것이다. 감이 오시는가? 성적인 표현이라 더 깊이는 안 들어가겠다.
접촉된 상태가 on이라면 접촉이 떨어져 나간 상태, 동떨어져 나간 상태는 off다. 그래서 turn off는 기본적으로 '(TV, 라디오 등을) 끄다'이다. turn on과는 반대되는 뜻으로 turn off는 특히 회화에서 '흥미가 없어지다' '재미를 잃다' '지겨워지다'는 뜻으로까지 사용된다.

chapter 7

이것만 알면
영어의 고수로 임명하노라

- 귀신도 모르는 거시기 that
  - 거시기 that - 지시대명사와 지시형용사
  - 거시기 that - 관계대명사 • 거시기 that - 접속사
- 깐깐한 과거분사
  - 과거분사의 기본 • 과거분사의 활용
- 자동사, 타동사? 풋!

chapter 7

 **귀신도 모르는 거시기 that**

• **거시기 that — 지시대명사와 지시형용사**

우선 본격적으로 that을 파헤치기 전에 that의 기본 개념이 되는 지시대명사와 지시형용사에 대한 용어부터 정리하고 넘어가자.

지시라는 것은 '가리키다'의 의미이다. 대명사는 보통 '인칭대명사' 와 '지시대명사' 둘로 나뉜다. 인칭대명사는 '너' '우리' '너희' '누구' 등 사람을 지칭하는 것이고 지시대명사는 '여기' '저기' '그것' '무엇' 등 무엇인가를 가리킨다는 뜻이다. 용어 자체에서 보듯 대명사도 크게 구분하여 명사

chapter 7 영어의 고수로 임명하노라

의 일종이라고 생각하면 보다 쉽게 이해할 수 있을 것이다.

형용사에 대해서는 이미 살펴보았듯이 기본적으로 명사를 한정하거나 꾸며 주는 역할을 한다. 곧, 지시대명사는 그 자체가 주어나 명사처럼 쓰여 꾸며 주는 말(대상)이 필요 없는 것임에 비해 지시형용사는 그 자체가 형용사와 비슷한 역할을 해서 그 뒤에 명사를 달고 나와 그 명사를 한정하거나 꾸며 준다.

지시대명사로도 쓰고 지시형용사로도 쓰는 대표적인 단어로 바로 this(these), that(those)을 들 수 있다. this(these)나 that(those)은 문장에서 사용되는 원칙이 비슷하지만 that이 이용의 범위가 보다 넓은 만큼 여기서는 that을 중점적으로 살펴보기로 하겠다.

이제 예문들을 보기로 하자. 이번 예문들은 의미상 연관이 있는 문장을 만들어 보려고 나름대로 노력해 보았다.

① **That** is an orange.

❶ **That** orange is mine.

② Do you know **that** woman?

❷ **That**'s my sister.

③ My work is better than **that**.

❸ Mine is better than **that** one.

④ **That**'s my best friend.

❹ What?! **That** stupid young man is your best friend!?

우선 ①번을 보기로 하자. 해석하면 '저것은 하나의 오렌지이다.' 정도가 된다. that 바로 뒤에는 동사 is가 나왔다. 반면 ❶번은 '저 오렌지는 나의 것이다.' 정도의 뜻이다. that 뒤에 orange가 나왔다. 곧, ①번은 '저것'이라는 뜻의 주어로 쓰였다. 그래서 지시대명사라 불리는 것이다. 반면 ❶번은 오렌지를 한정해 주는 역할을 한다. 다른 오렌지가 아니라 '저(that)' 오렌지(orange)라고 가리키며 한정해 준다. 그래서 지시형용사라는 명칭이 붙은 것이다.

①번과는 문장 위치와 역할은 다르지만 같은 원리로 ②번은 that 뒤에 명사인 woman이 나왔기에 지시형용사로 쓰인 것이다. that woman을 that 하나로 간단히 말을 줄여 받은 것이 ❷번이다. that은 물건이나 일뿐만 아

니라 사람을 지칭하기도 한다는 것을 ❷번에서 볼 수 있다. 아무튼 that 자체가 '그(저) 사람'을 지칭하기에 뒤에 따로 명사가 나올 필요가 없다. 따라서 지시대명사로 분류할 수 있다.

③번은 '나의 작품(work)이 저것보다 낫다.' 라는 뜻이다. ❸번은 '내 것(내 작품)이 저것(저 작품)보다 낫다.' 라는 뜻으로 볼 수 있다. ③번의 that이 아무것도 지정하거나 한정해 주는 것이 없는데 비해 ❸번의 that은 one 곧, 저것(가리킨 저 작품 하나)으로 한정해 주는 역할을 한다.

④번은 '저(그) 사람은 나의 가장 친한 친구이다.' 라는 뜻이다. 당연히 that이 '저(그) 사람'을 가리켜서 뒤에 명사가 나올 필요가 없는 지시대명사이고 ❹번의 경우는 that이 중간에 든 두 형용사 stupid와 young 때문에 사이가 멀어지긴 했지만 결과적으로 명사 man을 한정하거나 꾸며 주는 역할을 한다. 여기서 that이 궁극적으로 한정하는 것은 명사인 man이라는 사실이 중요하다. 그러므로 지시형용사라 불러도 문제 될 것이 없다.

• 거시기 that ― 관계대명사

지금부터 살펴볼 that은 관계대명사로 쓰이는 것으로 일부에서는 관계사라 부르기도 한다. 앞서 살펴본 지시대명사, 지시형용사와는 확연히 구분된다. 내가 언제나 말하듯 용어야 어찌 되었든 간에 우리는 어느 상황에 어떻게 쓰이는지만 간파하고 몸에 익히면 된다.

관계대명사가 주어나 보어 혹은 타동사의 목적어 등등으로 사용된다는 것은 설명하지 않기로 한다. 이해하고 제대로 쓰면 됐지 불필요하게 이를 발기발기 찢어놔 봤자 복잡하기만 할 뿐 별다른 이득이 없다고 생각한다.

관계대명사도 원리를 따지고 보면 여타 다른 책에서 설명하는 것처럼 그리 복잡한 것이 아니다. 이 책에서 다루어지는 전반적인 문법들은 실전 회화에 유용하게 사용하고자 하는 목적에서 정리한 것들이다. 영어 감각 향상에 도움이 되지 않는다고 판단되는 것들은 가능한 한 모조리 잘라 버렸다. 우리가 문법학자 grammarian가 될 필요 없는 것 아닌가? 식당에 음식을 먹으러 가서 음식의 재료니 양념 seasonings이 무엇 무엇 들어가 있는지 하나하나 다 따져 가며 먹을 필요가 있는가? 우리는 다만 맛있게 먹고 소화 잘하고 힘만 충전하면 그만 아닌가?

이제부터 관계대명사 that의 뚜껑을 열고 시식을 해 보자.

① This is **the man** that we respect.

② It's **my family** that I count on.

③ Is she **the one** that you've mentioned?

④ **Idiot** that you are.

⑤ Maggie is **the very person** that will do anything for you.

관계대명사 that 앞에 굵게 표시한 부분을 보자. 이 부분들은 보통 문법책에서는 '관계대명사 that의 선행사'라고 부르는 부분이다. ①에서 ⑤번까지 공통적으로 모두 that 이하의 문장이 선행사라 불리는 부분을 보충하거나 상세하게 해 주는 역할을 한다. 선행사로는 명사나 대명사가 나온다고 이해하면 바로 다음에 설명할 접속사 that과도 구분하기 쉬울 것이다. 예문을 하나씩 살펴보기로 하자.

　①번에서는 that 이하의 문장 즉, '우리가 존경하는(that we respect)'이 선행사 the man의 뜻이나 내용을 보충하거나 자세하게 하는 역할을 한다. '그 남자(the man)'가 누구냐 하면 바로 '우리가 존경하는(that we respect)' 대상인 것이다.

　⑤번도 마찬가지 원리로 '너를 위해 뭐든지 할(that will do anything for you)'이 바로 앞에 나온 '바로 그 사람(the very person)'을 상세히 해주거나 의미를 보충해 주었다. 여기에서 very는 '매우'라는 뜻으로 쓰

인 것이 아니다. very 바로 앞에 지시하는 성격을 지닌 this, that이나 소유를 나타내는 my, your, his, our 등의 소유격 그리고 위에서처럼 한정하는 역할을 하는 the 중 하나를 상황에 맞게 집어넣어 주면 명사의 뜻을 강화시켜 주는 역할을 한다. 우리말로는 '바로 그' 라는 뜻 정도가 된다. 그렇기에 어느 정도 긴장감이 있는 극적인 이야기를 할 때 잘 활용하여 쓸 수 있다.

②③④번 모두 that 이하의 문장이 각각 my family, the one, Idiot의 내용을 보충하거나 상세하게 해 주기는 마찬가지이다.

그런데 가만히 보면 ①②③④번과는 달리 ⑤번만 that 이하 문장에서 주어가 없다. 하지만 ⑤번의 문장은 '매기라는 여자가 바로 그 사람(Maggie is the very person)' 인데 그녀는 '널 위해 아무거나 뭐든 할 사람(that will do anything for you.)' 이다. 즉 that 이하나 that 이전의 문장의 주체(주어)가 일치한다. 주어가 일치하기에 귀찮게 또 써줄 필요는 없으므로 that 이하의 문장에서는 주어를 생략했다. 복잡하게 하기 위한 것이 아니라 좀 더 간단하게 쓰기 위해서이다.

한편 ④번과 ⑤번의 경우를 제외하고 ①②③번의 경우는 that을 쓰지 않아도 문제 될 것이 없다. ⑤번은 아까 설명한 것처럼 that 이하 문장에 주어가 없기 때문에 생략할 수 없고 ④번의 경우에는 다른 문장들과 달리 선행사 부분이 주어, 동사의 꼴을 갖추지 않고 명사 Idiot만 나왔기 때문이다.

끝으로 ②번에 설명을 보태자면 '의지하다' 라는 뜻으로 count on이라는 말 대신 rely on(upon)을 써도 된다. count on이 rely on보다는 회화에서 조금은 더 선호하는 표현이라 할 수 있다. 'I count on my family.' 라고 간단하게 쓸 수도 있는 것을 it을 가짜 주어를 내세운 후 my family를 집어넣고 that 이하의 문장으로 my family를 강조하였다.

- **거시기 that – 접속사**

　　　대표적인 접속사로는 and, but, or, so 등이 있다는 것을 잘 알고 있을 것이다. 이들 외에도 as, when, if, while, since, before, because, as soon as, that 등이 있는데 여기에서는 that 하나만을 다루고자 한다. 위에서 열거한 접속사들 역시 특별히 다르지 않기 때문에 that 하나만 이해해도 다른 접속사를 이해하는 데 큰 도움이 될 것이다.

　접속사 that은 종속접속사라는 둥, 명사절/ 보어절/ 동격절/ 부사절 등을 이끈다는 둥, 타동사 상당구로도 쓰인다는 둥 무지막지하게 세분하여 설명하는 경우가 많은데 그딴 골치 아프게 하는 문법 용어는 신경 쓰지 말자. 가능한 한 용어들은 무시하자. 다시 말하지만 대부분의 미국, 영국인들조차 그다지 신경 쓰지 않는 그런 용어들에 영어도 걔들보다 못하면서 쓰잘머리 없게 얽매이고 매달릴 필요는 없다고 본다. 그 시간에 원리를 깨우치는 데나 주력하자.

접속사 that은 그리 복잡한 것이 아니다. 이 또한 language gap의 일종으로 우리말로는 해석되지 않지만 and나 or, so 등 다른 접속사들처럼 문장을 연결하는 기능이 있다고 보면 된다. 다만 and가 우리말로 '그리고' '그래서' 등으로 해석할 수 있는 반면 접속사 that은 표면적으로 별다른 해석이 나오지 않는 투명한 끈transparent string이라고 생각하면 편할 것이다. 그래서 that을 접속사로 사용하는 경우에는 생략하는 경우가 많다. 아래 예문들을 보기로 하자.

① He didn't know (that) you've been sick.
② I'm positive (that) we will win this game.
③ I am happy to hear (that) you like my friend.
④ I didn't know **the fact** that she was your stepmother.
⑤ There is **no responsibility** that you take care of the kid.

①번에서 ③번까지의 that은 모두 생략해도 별 문제가 되지 않는다. 다만 ④⑤번의 경우는 생략해서 쓰지 않는다. 차이점이 있다면 ①②③번의 앞 문장이 각각 동사나 형용사, to부정사로 끝난 후 that 이하의 문장이 시작됐다면 ④⑤번은 명사로 끝난 후 that 이하의 문장이 시작됐다는 것이다.

투명한 끈과 같은 접속사 that의 감각을 자세히 설명할 능력은 내게 없

chapter 7 영어의 고수로 임명하노라

다. 하지만 복잡할 거 없으니 간단히 생각하자. 위의 문장 모두를 일단 우리말로 바꾸어 보자.

① 걔(그)는 몰랐어, 너 아팠다는 거.
② 나 확신해, 우리가 이 게임 이길 거라는 거.
③ (나) 들으니 행복해지네, 네가 내 친구 좋다는 거.
④ 나 그 사실(the fact) 몰랐네, 그녀가 네 의붓어머니였다는.
⑤ 책임 없지(no responsibility), 네가 그 꼬마를 돌봐야 하는.

위의 ①~⑤번까지 모든 문장들의 공통점은 that 이하의 문장들이 that 이전 문장의 내용을 구체적으로 해준다는 것이다.

위의 우리말 번역에서 ①②③번과는 달리 ④⑤번은 마치 형용사처럼 '는(ㄴ)'으로 끝나는 공통점이 있다. 형용사의 역할이 무엇인가? 명사를 꾸며 주는 것이 기본 역할 아니었던가? 다만 접속사은 그 that 이하의 덩어리가 위치상 명사 앞이 아닌 그 뒤에서 명사(the fact, no responsibility)를 꾸며 준다는 차이만 있을 뿐이다.

235

 **깐깐한 과거분사**

과거분사를 만들어 낸 이유는 무엇이며 어떤 때 우리는 사용할 수 있는 걸까? 과거분사를 편의상 둘로 나누어 우선 과거분사의 기본적 쓰임을 알아본 후 과거분사가 응용되어 쓰이는 문장들을 살펴보자.

• **과거분사의 기본**

과거분사는 과거형과 마찬가지로 '기본 현재형'에 -ed를 붙여 만드는 것을 기본으로 한다. 규칙적으로 변하는 것들 중에 몇 개만 간단히 살펴보자면 다음과 같다.

현재	과거	과거분사
turn	turned	turned
talk	talked	talked
live	lived	lived
depress	depressed	depressed

또한 물론 이러한 것들은 과거형과 마찬가지 원칙으로 끝이 모음과 자음으로 끝나는 단어의 경우에는 자음 하나를 더 써 주고 -ed를 붙인다.

불규칙하게 변하는 동사들 또한 만만치 않게 많다. 예를 들면 have - had - had, do - did - done, read - read - read, quit - quit - quit, eat -

ate - eaten, go - went - gone 등이 있는데 특히 read 같은 경우는 현재형과 과거형, 과거분사가 외형상 같지만 발음만 [riːd] - [red] - [red]로 변하기도 한다.

문법은 느끼려는 마음 없이 무조건 외워 봤자 무용지물이 되기 쉽다. 하지만 과거형과 과거분사는 어쩔 수 없이 자주 들여다보며 암기해야 한다.

이제 문장 내에서 쓰이는 기본적인 과거분사를 예문을 통하여 알아보기로 하자.

① **broken** heart. **hidden** card. **spoiled** kid. **spoken** language.
② Leave me alone! I **am** so **stressed**.
③ Your car **was being repaired** when you called me.
④ I **have been** to the gym six days in a row.
⑤ She wants to **be known** as a movie star.

①번의 경우는 과거분사가 형용사처럼 뒤의 명사를 꾸며 준다. 순서대로 각각 '깨져 버린 (상심한)' '숨겨진(감추어진)' '망가져 버린' '말로 하는' 정도로 해석할 수 있다. 간단하게 과거분사도 일종의 형용사 기능을 한다고 생각하면 편할 것이다.

②번은 앞서 살펴본 수동태 문장이다. 여기서 쓰인 so는 그저 부사로서

'아주' 정도로의 의미이며 '스트레스 받은(받아진)'을 꾸며 줄 뿐이다.

③번은 be동사의 과거 was에 과거분사 repaired를 썼다. 역시 수동형 문장으로 시제가 현재가 아닌 과거이기 때문에 be동사가 시제를 표시한다는 원칙에 따라 과거형인 was를 썼다. was와 repaired 사이에 나온 being도 아마도 문법 책에서는 진행형 수동태 정도로 이름을 붙여 설명할 것이다. 뭐 별 거 없다. 과거에 수리를 받았는데(repaired) 한창 수리받아지고 있을 때(being repaired) 네 전화가 왔다는 것을 말하기 위해 repaired 앞에 being을 집어넣은 것뿐이다.

④번을 우선 해석해 보면 '나는 6일 연속으로 체육관에 갔다.' 정도가 된다. 현재완료라 불리는 문장으로 과거에서부터 행해진 일, 사건, 행위 등이 지금 말하는 시점(현재)까지 연관되어 있다고 생각하거나 영향이 있을 때 쓰는 문장으로 소설에서는 말할 것도 없고 회화, 편지, e-mail 등에서도 많이 사용한다.

⑤번은 흔히 to부정사로 불리는 문장이다. 이에 대해서도 chapter 5에서 자세히 살펴본 적이 있다. 이 문장은 부정사 내에서 수동태를 사용한 것뿐이다. '그녀가 원하는데(she wants)' 그것은 바로 '영화 스타로 알려지는 것(to be known as a movie star)'이라는 말이다. 그녀가 영화 스타가 되길 원하더라도 그녀 스스로가 아닌 다른 사람들에 의해 알려지는 것이기 때문에 당연히 수동태를 써야 한다.

이미 언급한 바가 있지만 과거분사가 무엇인지 한마디로 정리하면 기본적으로 문장 내에서 일종의 형용사와 비슷한 역할을 한다고 생각하면 된다. ①②번은 말할 것도 없고 ③④⑤번 역시 형용사와 비슷한 해석이 가능하다.

• **과거분사의 활용**

앞서 살펴본 과거분사의 기본을 바탕으로 과거분사의 응용에 대해 알아보기에 앞서 살펴봐야 할 것이 있다. 일단 아래의 문장을 보기로 하자.

He is a novelist honest, brilliant and passionate.

위의 문장은 형용사가 명사 앞에 나와 정해 주거나(한정하거나) 꾸며 준다는 기본 원칙에 맞지 않는 문장이 된다. 그럼 이 문장은 틀린 문장일까? 이를 보통 '한정용법의 형용사들이 명사 또는 대명사 뒤에서 수식한다' 정도로 문법 책들에서 설명한다. 여하튼 형용사가 명사를 꾸며 준다는 기본 원칙에 맞게 novelist 앞에 honest, brilliant and passionate를 넣으면 되지 왜 머리 아프게 원칙을 무시하고 novelist 뒤에 형용사들을 집어넣는 것일까?

우리말과 비교해 봐도 이에 대한 답은 어느 정도 나온다. 형용사가 명사 앞에 나온다는 기본 원칙대로 문장을 만들어 위의 문장과 비교해 보자.

He is an honest, brilliant and passionate novelist.
→ 그는 정직하고, 끼 있고 정열적인 소설가이다.

틀림없이 말이 되는 문장으로 정직한(honest)과 끼 있는(brilliant), 정열적인(passionate) 모두가 novelist 하나를 꾸며 주려고 집중포화cross fire하는 것처럼 달려든다. 문장의 흐름을 한 번 느껴 보도록 하자. 긴장감이 느껴지기 보다는 무언가 막혀 있는 답답한 느낌이 들지 않는가?

이제 다시 원 위치로 돌아가서 novelist 앞이 아닌 뒤에 형용사 세 개가 나란히 있는 문장을 살펴보자.

He is a novelist honest, brilliant and passionate.
→ 그는 소설가인데 정직하고, 끼 있고 정열적이야.

형용사 세 개가 앞에서 novelist를 꾸며 줄 때보다 말하는 데 훨씬 호흡도 편하고 문장도 좀 더 부드럽게 흘러간다는 느낌이 들지 않는가? 그래서 나는 개인적으로 보통 문법 책에 적힌 대로 '한정용법의 형용사가 명사를 뒤에서 꾸며 준다' 는 말이나 후치 수식이니 후위 수식이

chapter 7 영어의 고수로 임명하노라

니 하는 말에 그다지 공감하지 않는다.

이러한 경우에 있어서는 위에서 보듯 형용사가 명사의 앞이 아닌 뒤에 나와 문장을 넘기는 것이 보다 자연스럽기 때문이다. 위에서 말한 대로 호흡도 편하고 보다 덜 경직된 자연스러운 문장을 만들기 위해 영어 원어민들은 명사 뒤에 형용사가 나오는 문장을 나름대로 발달시켜 온 것이 아닌가 생각한다. 형용사가 명사를 꾸며 준다는 기본 원칙이란 것도 사실 인간이 정한 것일 뿐이고 편리하다면 얼마든지 바꿀 수 있는 존재 또한 인간이다.

지금껏 점검해 본 것을 토대groundwork로 과거분사가 명사(대명사)의 앞이 아닌 뒤에 나오는 경우를 본격적으로 알아보기로 하겠다. 다음 예문들을 보기로 하자.

① I did my best to make the business successful.
나는 사업을 성공적으로 만들기 위해 최선을 다했다.

② The manager saw the papers **torn by his boss.**
매니저는 그의 사장에 의해 그 서류가 찢어지는 것을 보았다.

③ There was a country **divided by some politicians.**
몇몇의 정치꾼들에 의해 나누어진 한 나라가 있었다.

④ The baseball player **traded with another team** was my favorite.
다른 팀으로 트레이드 된 야구선수는 내가 좋아하는 사람이었다.

⑤ The cell phone **broken by my dude** is next to the trash can.
내 친구에 의해 고장 난 휴대전화는 휴지통 옆에 있다.

①번은 유일하게 과거분사가 없지만 형용사 successful 앞에 명사 business가 나왔고 그 뜻 자체가 과거분사가 많이 쓰이는 수동태와 어느 정도 연관이 있다는 생각에 집어넣어 보았다. ②~⑤번까지는 과거분사가 쓰였다. 또한 과거분사가 각각 명사 바로 뒤에 위치해 있음을 볼 수 있을 것이다.

①번은 내 경험을 바탕으로 작문을 해보았다.

나는 20대 후반에 러시아에서 사업을 해보려다 쫄딱 망한 적이 있다. 세상만사가 다 그렇듯 내 의지나 생각대로 움직여 주지 않았다. 사업을 성공으로 이끌려면 성공의 기초를 마련할 시간도 어느 정도 필요하고 item 선택 및 분석력과 노력, 내 의지와 상관없는 환경, 만나는 사람 등 여러 가지로 얽히고설키는 것들이 많다. 내 능력과 노력도 물론 기본적으로 중요한 것이지만 때로는 내가 어찌할 수 없는 조건에 따라 성공과 실패가 갈리기도 하는 것이 사업이다. 여하튼 간에 '성공적인 사업successful business' 이라는 능동적 표현 보다는 어떠한 외부적 상황(수동적 요인)이 닥치더라도 '성공시켜야 할 사업' 이라는 의미에서 business successful이 바람직하다.

또 다른 측면에서는 살펴보자. 앞서 과거분사도 형용사와 비슷한 역할을 한다고 설명했다. 예를 들어 make를 과거분사형인 made로 만든다면 그 주체는 '만들어지는/시켜지는' 과 같은 수동적 의미를 지니다. 일례로 'This food was cooked by my mom.' 이라는 문장을 놓고 본다면 이 음식(this food)이 주어이지만 이 음식은 스스로 요리한 것이 아닌 나의 엄마에 의해(by my mom) 요리된(was cooked) 것이다.

위의 예와 비슷한 원리로 여기서도 the business는 make로부터 영향을 받는 수동적 대상이다. successful을 뒤에 써서 수동의 형태가 가미된 표현임을 나타내는 것이다.

②~⑤번까지는 모두 문법 책에서 보통 '후치수식' 이나 '후위 수식' 이라고 설명하는 문장이다. 또한 별색으로 표시한 구간은 문법 책에서 보통 과거분사구라고 명명해서 다룬다. 구phrase라는 것은 '문장 내에서 두 단어 이상이 모여 의미를 이루는 덩어리' 이다. 개인적으로 나는 '구' 라는 말 대신에 '덩어리' 라는 표현을 좋아한다.

②번 또한 조금 시각을 달리해 해석해 보면 그의 사장에 의해(by his boss) 서류(the papers)가 찢어진(torn) 것을 그 매니저(the manager)가 본 것이다. 찢어진 서류가 아닌 '서류가 사장에 의해 찢어지는 것' 을 본 것

이므로 수동적 상황이다. 이 문장에서 이 덩어리는 앞의 the papers를 꾸며 주거나 한정해 준다고 보면 된다.

③④⑤번 역시 ②번과 마찬가지 원리를 적용하면 된다. ③번에 있어서는 한 나라가 있는데(there was a country) 이 나라는 스스로 나눈 것이 아니라 정치꾼들에 의해 수동적으로 나누어진(divided) 것이다.

there 다음에 was가 있기 때문에 divided는 과거형이 아닌 과거분사가 분명하고 이는 또한 수동적인 상황이라는 것을 의미한다. 이 과거분사 divided의 뒤에 나오는 덩어리들 곧, 여기서는 정치꾼들 의해(by some politicians)에 의해 어떻게 나누어지게(divided) 된 것인지가 구체적으로 설명되고 divided와 by some politicians이 합쳐져 a country를 꾸며 준다고 하겠다.

정치인 얘기가 나온 김에 잠시 여담by-talk을 하나 해 보자. 우리나라에 지금껏 진정으로 국민들을 위하는 큰 정치인이 나왔다면 교육이 이 지경까지는 오지 않았을 것이다.

세상 어느 나라가 대입 시험이며 고등학교 입시 제도가 매년 주요 기사 front-page story가 될 정도로 난리를 칠까? 앞서 내가 politicians를 정치인들이라 하지 않고 정치꾼들이라고 해석했는데 정치인을 표현하는 단어에는 politician과 statesman이 있다. politician은 국민의 이익보다는 자기나 당파party의 이익을 중심으로 술책을 부리는 정치꾼들을 말하고 statesman은 국민을 위하는 총명하고 사리 밝은 훌륭한 정치가를 뜻한다고 한다. 나 죽기 전에 진정한 큰 정치인 한 명을 한 번 보고 싶다. politicians는 충분히 차고 넘쳐 신물 날 정도로 보아 왔건만 진정한 statesman은 왜 이리도 보기 힘든지……

여담은 여기까지. 다시 설명을 이어 가기로 하자.
④⑤번 예문들은 ②~③번 문장과 비슷한 원리이지만 다른 점은 주어 부분에 위치해서 주어의 한 구성 성분으로 자리했다는 것이다. 다시 ④⑤번 예문을 조금은 다른 방식으로 옮겨 쓴 후 살펴보겠다.

④ The baseball player traded with another team was my favorite.
⑤ The cell phone broken by my dude is next to the trash can.

④번과 ⑤번의 경우 굵은 글씨로 진하게 표시한 부분은 모두 주어의 기능을 하는 주어 부분에 속한다. 이렇게 동사 앞에 나와 주어의 한 부분으로 쓰였든 ②③번처럼 뒷부분에 쓰였든 비슷한 원리이다.
④번의 경우에는 traded를 뒤의 with another team이 꾸며 주고 이들이 다시 한 덩어리가(traded + with another team) 되어서 the baseball

player를 꾸며 준다고 보면 된다. 회화나 작문 등 문장을 직접 만들 때에는 중요한 것이 처음 나오고 (the baseball player) 다음 중요한 것이 그 다음에 나오며(traded) 그 다음으로 traded를 꾸며 주는 역할을 하는 'with another team'이 나온다고 익히면 간편하다. 하여 눈에 익히기 편하게 ④⑤번 예문은 비중이 큰 것을 가장 큰 글자로, 비중이 적어질수록 글자가 작아지게 표시해 보았다. 물론 앞부분의 가장 큰 글자들만을 주어로 삼아 'The baseball player was my favorite.' 라는 문장을 만들어도 온전한 문장이 된다.

⑤번 역시 ④번과 마찬가지로 문장 안에서 가장 중요한 것은 the cell phone이고 그 다음이 broken이며 그 다음은 broken을 꾸며 주는 by my dude이다. 비중relative importance을 느껴 보기 바란다.

마지막으로 과거분사를 간단히 요약하자면 과거분사는 일종의 형용사와 비슷한 기능을 하여 명사를 꾸며 줄 수 있다. 하지만 문장 뜻 자체에 수동이거나 수동의 뜻이 어느 정도 포함되어 있을 때에는 형용사나 형용사와 비슷한 기능을 하는 과거분사를 명사 뒤에 써준다. 한편, 확실한 의미를 전달하기 위해 과거분사의 뜻을 보완해 줄 필요가 있을 경우는 그 과거분사 바로 뒤에 그 뜻을 보충해 주는 덩어리를 붙이면 된다.

 자동사, 타동사? 풋!

내가 고등학교 때 자동사와 타동사를 배우면서 도무지 이게 뭔 멍멍이 짖는 소리인지 몰랐다. 나와 영어를 멀어지게 만든 주범이 바로 이 자동사, 타동사라고 기억한다.

자동사, 타동사 문장을 이해하기 위한 필수 조건으로 문장의 5형식을 외워야 했다. 나도 어쩔 수 없이 1형식부터 5형식까지 외워도 보고 한 문장 내에서 관계부사다 뭐다 따지며 이 단어는 무슨 용법의 뭐다라고 따지다가 모르는 단어 한두 개에 막히는 등 여기저기 걸리는 것이 많아 절망했다. 영어는 내 능력 밖의 외계인alien들이나 쓰는 말 같았다. 그런데 우리나라 영어 교육은 아직까지도 그 테두리에서 내내 제자리걸음만 하고 있다. 왜 문법이라는 형식의 올가미에 학생들을 묶어 두고는 학생들의 노력이 부족해 뛰지도 날지도 못한다고 아우성치는 것일까?

나는 1형식이다 뭐다 이제껏 잘 알지 못했다. 하지만 책을 쓴답시고 이 책 저 책 훑어보다 보니 어느 형식이 되었든 내가 이해하고 실제로 많이 써

왔던 문장들이었다. 모두 별 것 아니었다. 별 것 아니기에 나는 1 ~ 5형식이란 것들을 죽을 때까지 외울 생각은 없다. 실전 회화로 이미 그 알맹이가 되는 내용들을 다 먹었기 때문이다. 자연스럽게 익히는 것만큼 오래가는 것도 없다.

어쩌면 이 자동사, 타동사라는 것에 대한 구분도 그와 비슷한 멍청한 짓일 수 있다. 영어 원어민들조차 자동사, 타동사를 구분하는 데 거의 신경 쓰지 않는다고 알고 있다. 그들은 그냥 자연스럽게 익힌 감각으로 자동사, 타동사를 구분하여 쓴다. 반면 우리나라의 어떤 사람들은 자동사와 타동사를 구분하는 것이 영어의 고수로 가냐 마느냐를 결정하는 열쇠라 말하기도 한다. 영어 공부를 하다 보면 사실 그러한 면도 일부 발견하게 된다. 하지만 이는 무조건 외울 것이 아니라 단어와 문장들을 자주 대하고 말하면서 감각적으로 익혀야 할 것들이다. 여하튼 우리나라에서는 자동사와 타동사를 나누어 구분하는 방법이 워낙 비중 있게 다루어지고 있으니 어느 정도 대해 알아보는 것으로 이번 chapter를 마무리하고자 한다. 문장이 몇 형식인지를 가리는 어리석은 시험 문제 따위는 이제는 없길 바라면서.

자동사는 간단히 말하자면, 주어의 행위가 다른 것에 영향을 미치지 않아 그 대상이 되는 목적어가 필요 없는 동사이다. 이에 반해 타동사는 반드시 목적어를 필요로 하는데 이 목적어는 우리말로 1차적으로는 '~을(를)'

로 해석되는 것이고 2차적으로는 '~에게'로 해석되는 것들을 말한다. 아래를 보도록 하자.

① You cry. / I go. / She runs. 1형식, 완전 자동사
② This is a book. / I'm sad. / She is a flight attendant.
　 2형식, 불완전 자동사

①번은 모두 주어와 동사만으로 문장이 되는 1형식 문장들로 흔히 완전 자동사라 불리는 것들이다. ②번은 주어와 동사 그리고 주어의 뜻을 보충하는 말(보어)로서 각각 a book, sad, a flight attendant가 나왔다. ①번과 구분하기 위해 불완전 자동사라고 구분하였는가 싶다. 물론 내 말투에서 느끼실 것이지만 '1형식 : 주어 + 동사, 완전 자동사' '2형식 : 주어 + 불완전동사 + (주격)보어로서 불완전 자동사다' 따위로 외우는 짓은 하지 마시고 제발 그 시간에 그 알맹이와 본질이 들어 있는 문장을 한 번이라도 더 뚫어 보려고, 느끼려고 보려고 노력하라고 부탁드린다. 물론 이뿐만 아니라 1~5형식이란 것 자체 모두를 말이다. 아니, 이 책 전반에 걸쳐 설명한 모든 것에 대해서 말이다. 여하튼 ①번 문장들은 모두 주어와 동사만으로 그 의미가 통하기 때문에 별다른 설명이 필요 없다.

1형식이라 불리든 2형식이라 불리든 중요한 것은 자동사라 불리는 각각

의 동사는 다른 사물에 영향을 주지 않으므로 그 대상도 필요가 없다. 대상이 필요 없으니 목적어 또한 필요 없는 것이다. 타동사와 비교하자면 주어의 영향 안에 있는 소극적인 문장이라고 기준을 잡으면 된다. 한편, ②번 각각의 이들 a book, sad, a flight attendant를 문법 책에서는 보통 '주격보어'라고 하는데 이는 위에서 설명한 것처럼 주어의 상태를 보충해 준다는 의미로 그렇게 명칭하는 것뿐이다. 간단히 우리말과 비교하면 우리말에서 대상을 필요로 하는 조사인 '~을/를'이나 '~에게'에 해당하는 해석이 나오지 않는다.

그렇다면 타동사는 당연히 목적어가 있고, 주어가 다른 단어에 영향을 끼치므로 자동사보다 적극적인 문장일 것이다.

다음 예문들을 보기로 하자.

③ 상림 likes you. / They saw your dog. / We learn English.
　3형식, 완전 타동사

첫 번째 문장을 살펴보면 상림이 좋아하는 것은 상림 자신 안에 있는 것이 아닌 you이다. 곧 ①②번과는 달리 목적어 you가 대상으로 나왔다. 두 번째 역시 주어 그들(they)이 본 대상으로 your dog이 나왔다. 세 번째 역시 우리(We)가 배우는 대상으로 English가 나왔다. 이렇듯 주어 자신

chapter 7 영어의 고수로 임명하노라

안에서 해결하지 못하고 대상이 필요한 경우를 3형식이라 이름 붙여 사용한다.

다음으로 살펴볼 것은 4형식(수여 동사라고도 많이 부른다)이라 불리는 문장이다. 여기에는 간접목적어와 직접목적어가 나온다고 말하지만 명칭에는 신경 안 써도 된다. 중요한 것은 목적어가 두 개 나온다는 특성을 알면 된다는 것이다.

격변화(주격 - 소유격 - 목적격 - 소유대명사)는, 내가 제일 싫어하는 것이 암기이지만, 이것을 모르고는 영어를 말하고 이해할 수 없을 정도이니 무조건 완벽하게 외워야만 하는 것 중 하나이다. 이것은 4형식 문장 형태를 이해하는 데 절대적으로 필요하다.

격변화를 잠시 살펴보자. I - my - me - mine, you - your - you -yours 에서 세 번째, 목적격에 해당한다고 외운 me와 you는 각각 우리말로 '나를'과 '너를' 뜻할 뿐만 아니라 '나에게'와 '너에게'라고도 해석할 수 있다는 것을 배웠을 것이다. 여기서는 '나를' '너를' 등으로 해석하기보다는 주로 '나에게' '너에게' '~에게로' 정도로 해석된다. 우리말과 비교해 보아도 유사한 구조이기에 별로 특별할 것도 없다. 예문들을 보기로 하자.

④-1 I wish you luck.

④-2 She gave me a cup of tomato juice.

④-3 지영 handed me her handkerchief.

④-4 My old flame sent me a phone-to-phone message last night.

④-5 Her mom made her a fire fighter.

예전에 꽤나 잘나가던 한 문법 책에는 4형식과 5형식의 순서가 바뀌어져 있었다. 그 책에서 몇 형식이라 불렸든 간에 형식은 형식일 뿐 중요한 것은 내용이다. 형식을 아는 것이 중요한 것이 아니라 그 내용을 알고 완벽히 소화하여 쓰고 말할 수 있는 것이 더 중요하다.

여하튼 간에 위의 모든 문장들은 대개 4형식 수여 동사로 불리는 문장들이다. 수여라는 것은 준다는 의미이다. 어떠한 대상(목적어)에게 '~을 주었다'는 의미로 쓰인다고 해서 그런 이름이 붙여진 것 같다. 각 문장들을 살펴보기로 하자.

④-1번을 살펴보면 내가 비는(wish) 대상 you(물론 목적격이다)가 있다. 주어인 내가(I) 대상(you)에 비는 구체적인 내용이 바로 luck인 것이다.

㉿ 내가 너에게(너의) 행운을 빌지.

④-2번 역시 주어인 그녀(she)가 대상인 나에게(me) 준 구체적인 것이 한 잔의 토마토 주스(a glass of tomato juice)이다. 곧, ④-1번과 마찬가지로 ④-2번 또한 주어가 영향을 준 대상(me)이 먼저 나오고 그 대상인 me 다음에 주어가 대상(me)에게 준 구체적인 것(a glass of tomato juice)이 나온

다. ㉠그녀가 나에게 토마토 주스 한잔(을) 주었어.

④-3번은 지영이 준 대상이 '나'이고 '나'에게 손으로 건네준 구체적인 것은 그녀의 손수건이다. ㉠나에게 그녀의 손수건을 건네주었어.

한편, 영어는 위치 언어이기 때문에 주어인 지영 다음에 나온 handed는 물론 동사로, '손'이 아닌 '손으로 건넸다'라는 의미이다.

④-4번이 역시 위에서 설명한 예문과 같은 원리이다. ㉠나의 옛 애인은 지난밤에 나에게 문자 메시지를 보내왔다.

④-5번은 주어인 '그녀의 엄마(her mom)'가 그 대상(목적어)인 그녀를(her) 만든(made) 구체적인 것이 소방수(fire fighter)라는 말이기 때문에 위의 다른 예들과 원리 면에서 전혀 다를 바 없다.

요즘도 간혹 이 4형식이란 것을 3형식으로 바꾸어 보라는 말도 안 되는 시험 문제를 내는 것 같은데 특히 어린 학생들에게 그딴 '시험을 위한 시험'은 치르지 않게 했으면 좋겠다. 'I gave him an apple.'이라는 4형식 문장은 'I gave an apple to him.'이라는 3형식으로 바꿀 수 있다면서 '4형식은 이처럼 직접목적어(대상)와 간접목적어를 전치사를 써서 바꿀 수 있다.'라고 하고 직접목적어와 간접목적어가 바뀌었고 전치사 to가 그 사이에 위치해 있기에 이 문장은 3형식으로 바뀌었다는 말 따위는 형식과 암기 위주의 발상에 불과하다.

내가 대학교에 다닐 때 나와 단짝 친구인 Trace는 나랑 같이 있다가 지나가는 아는 학생들을 보면 'How are you?'라고 먼저 안부를 묻곤 했다. 대학생씩이나 되는 그들은 쑥스러워서인지 어물거리며 바로 대답을 못 했다. 대답하는 사이에 잠시 시간적 여유가 있으면 나처럼 장난꾸러기 mischief 기질이 다분한 Trace는 내 쪽으로 살짝 고개를 돌려 입을 손으로 가리고는 조용히 한다는 말이 'I'm fine. Thank you, and you?'였다. 대부분 경우 그의 말이 맞아 떨어졌다. 이는 'How are you?'로 물으면 그렇게 대답하도록 했던 일률적인 교육 방식의 탓이었다. 그것만 답인가? 'I feel so good, thank you.'라고 대답할 수도 있고 'Good!' 'Great!' 'Not too bad.' 'Very well.' 'I feel great.' 'Not so good.' 'So so.' 등의 다양한 답도 존재한다. 이들 중 자기 마음이나 기분에 맞는 문장을 골라 쓰면 된다. 하지만 거의 대부분의 학생들은 그가 손을 가리고 말했던 그 대답을 했다.

   여기서도 마찬가지이다. 몇 형식을 다른 몇 형식으로 굳이 바꾸라며 아무 느낌 없이 공식으로 외우도록 하는 것이 무슨 소용이란 말인가. 4형식 문장을 3형식의 '주어 + 완전타동사 + 목적어'에서 4형식의 직접목적어를 목적어 위치에 집어넣은 후 상황에 맞는 전치사를 써준 다음 간접목적어를 써준다'는 따위의 설명으로는 도저히 언어를 느끼고 사용하기 힘든 것 아닌가! 거기에다 to라는 전치사를 쓰면 타동사가 아닌 자동사로 바뀐다느니 뭐니 하는 설명은 아예 웃기지도 않는다.

chapter 7 영어의 고수로 임명하노라

'I gave him an apple.'이란 문장은 내내 위에서 살펴본 대로 내가 준 대상(목적어)이 나오고 그 대상에게 구체적으로 준 것(apple)이 바로 뒤이어 나오는 형태이지만 'I gave an apple to him.'이라는 문장은 내가 사과 하나를 주었는데 그 사람이 그(him)라는 방향성(→)을 띤 문장으로, 느낌상 서로 조금은 차이가 난다.

이제 5형식 문장들을 살펴보기로 하자. 예문들을 보기로 하자.

⑤-1 She thinks **me** poor.

⑤-2 I will make **you** happy.

⑤-3 They call **me** instructor 쌤.

⑤-4 The refrigerator will keep **the vegetables** fresh.

보통 문법 책에서 5형식은 '주어 + 불완전 타동사 + 목적어 + 목적격 보어'라고 설명한다. 여기에서 굳이 참고하자면 '목적격 보어'라고 이름 붙인 것에 주목해 볼 만하다. 왜냐하면 흔히 2형식, 불완전 자동사 문장에서 자동사의 주격 보어는 다른 것에 영향을 주지 않지만 이 5형식 문장에서는 주어가 대상(색 글씨)에게 영향을 주고, 그 대상 바로 뒤에 나오는 밑줄 친 부분은 바로 그 앞에 나온 대상(목적어)을 한정해 주거나 자세하게 하는

255

역할을 한다. 곧, 주어가 아닌 목적어와 긴밀한 연관을 맺고 있기 때문에 주격 보어가 아닌 목적격 보어라 불리는 것이다.

이제 하나하나 살펴보기로 하자.

⑤-1번을 우선 번역해 보면 '그녀는 나를 불쌍하다고 생각한다.' 정도의 문장이다. 물론 '그녀는 나를 가난하다고 생각한다.'고 해도 좋다.

돈이 없어 가난하다면 '부족하고' '빈약할 것이며' 또한 '초라하며' '보잘 것 없고' 가난한 자는 일을 해도 자신감이 없어 '서투른' 듯 보일 수도 있으며 '나쁜' 생각이 들기 쉽다. 일부 생각 없고 돈과 지위만 있는 자들은 가난한 자들을 '하찮고' '천하며' '비열한' 사람들로 간주하기도 한다. 형식만 따지다가 따분해서 즉흥적으로 poor에 대한 단어 암기법을 만들어 보았다. 하던 이야기 마저 하자.

⑤-1번에서 그녀가 불쌍하다고 생각하는 것은 '나'이다. 그녀가 나를 불쌍하다고 생각하는 것이다. 곧 2형식 문장이 주어의 영향 아래 다른 말이 필요 없이 주어의 상태나 주어와 연관된 내용을 동사 뒤에 나온 말이 상세하게 해준다면, 5형식은 주어가 아닌 주어의 대상을 바로 뒤에서 형용사나 명사가(밑줄 부분) 자세하게 해 준다는 것이다. 그녀가 불쌍하다고 생각하는 것은 주어 자신인 그녀가 아닌, 대상인 나(me)인 것이다.

⑤-2번 역시 내가 만들고 싶은 것은 주어인 I 자신이 아닌 you로서 목적어인 너(you) 바로 뒤에 행복하게(happy) 만들고 싶다고 구체적으로 말해 준 것이다.

⑤-3번도 마찬가지 원리로 주어인 그들이 부르는 대상은 주어인 they가 아닌 me이며 그런 나는 'instructor 김'으로 불린다. 주어 they와의 연관성보다는 목적어인 me와 긴밀한 관계이다.

⑤-4번 역시 주어 the refrigerator가 보관하는(keep) 것은 the vegetables이고 the vegetables의 상태를 구체적으로 해 주는 것이 fresh이다.

자동사, 타동사라는 것을 확연하게 구분하는 것은 쉽지 않을 뿐더러 거듭 말하지만 일부러 구분하기 위해 막대한 시간을 들일 필요도 없다. 대부분의 동사가 자동사와 타동사의 성격을 동시에 가지고 있다. 아니, 내 표현이 잘못되었다. 자동사로도 쓰이고 타동사로도 쓰인다. 전치사가 나올 경우 자동사가 된다고 무조건 외우는 것은 형식적인 것에 지나지 않는다. 이것 역시나 감각상의 문제가 아닐까 싶다.

일단 간단한 예문을 보고 그 차이점을 느껴 보도록 하자.

You follow me. 너 나(를) 따라와.

You follow after me. 너 내 뒤(를) 따라와.

첫 번째 문장은 목적격 me가 나왔기에 주어(you) + 동사(follow) + 목적어(me)를 충족한 3형식 문장에 속하는 타동사라느니 두 번째 문장은 목적어 me 앞에 전치사 after가 들어갔기에 이는 타동사가 아닌 자동사로서 1형식 문장에 속한다느니 따위를 따지는 것은 유익한 것 하나 없는 재미없는 게임 같기만 하다. 몇 형식이니 하는 그딴 것을 따질 시간과 여유가 있다면 그 시간에 문장의 흐름과 내용을 파악하고 회화 감각을 익히는 데 투자하는 것이 몇 배는 더 유익하고 바람직한 일이다.

첫 번째 문장은 단순히 '따라 오라.'는 것을 뜻하는 반면 두 번째 문장은 ①번과 달리 after를 대상 앞에 써서 '내 뒤를 따라 오라.'는 뜻으로 느낌상 차이점이 있다. 대상(목적어) 앞에 전치사 after가 나왔기 때문에 자동사가 아니라 문장의 구성상 after를 넣는 것이 필요하다고 느껴지기에 after를 쓴 것이다.

대상(목적격) 앞에 전치사가 붙으면 그것이 타동사가 아닌 자동사가 된다는 것은 그렇다손 치더라도 굳이 그것을 언어학자linguist도 아닌데 파고들 필요는 없는 것이다.

하도 학생들이 내 휴대전화를 빌려서 게임을 하거나 수업 중에 가지고 놀려고 해서 휴대전화의 언어를 한국어가 아닌 영어로 바꿔 놓았다. 문자 메시지를 보낼 일이 있어 메시지 작성을 하려고 보니 화면에 'Contact

chapter 7 영어의 고수로 임명하노라

me.' 라고 떠 있었다. '내게 접촉해.' '내게 연락해.' 정도의 의미이다. 어느 정도 영어 감각이 있는 사람들은 'Contact to me.'나 'Contact with me.' 정도가 맞는 문장이라는 생각을 얼마든지 할 수가 있다. 하지만 영어 원어민들은 자동사와 같이 나온다는 to나 with를 쓰지 않고 그냥 전치사 없이 (우리나라 문법 책 표현으로) 타동사로 취급을 해 'Contact me.' 라고 쓴다.

놀거나 게임을 할 때, 혹은 사업 제의 등을 할 때 쓰는 말인 'Why don't you join us?' 또한 전치사 with를 집어넣어 'Why don't you join with us?'라고 사용하는 사람들을 몇 번 본 적이 있다. '너, 우리와 함께하지 않을래?'나 '너, 우리와 함께하는 게 어때?' 정도로 느껴지기에 감각상 with를 집어넣어야 할 것 같지만 넣지 않는다. 따로 떨어져 부분적인 관계만 맺고 있는 너(you)로 본다면 with us가 감각에 맞겠지만, 우리의 사고방식과는 달리 원어민들은 우리와 함께 할 개별적인 존재로서의 너(you)가 아닌 우리라는 덩어리 안에 하나로 뭉쳐질 너이기 때문에 with는 필요 없다고 생각하는 것이 아닌가 나름대로 생각해 본다.

물론 join이 타동사로만 쓰이지 않고 자동사로도 쓰여 전치사를 붙이는 경우 또한 얼마든지 가능하다. 'Our team will join with yours.'처럼 말이다. 우리말로는 상황situation이나 문맥context에 따라 '우리 팀이 너의 팀과 동맹할 것이다.'나 '우리 팀이 너의 팀과 합류할 것이다.' 정도로 해석할 수 있다. 이 경우에 있어 with를 쓰는 것이 맞는 이유는 우리의 팀(Our team)과 너의 팀(your team)과의 관계를 위와는 달리 각각 개별적으로 인식하기 때문이다.

나름대로 쉽게 설명하려고 노력하였으나 다소 어렵게 느껴질 수 있으리라 본다. 당연하다. 적지 않은 영어 공부의 대가들이 자동사와 타동사를 구분하는 것이 영어의 고수로 이끈다고 말하는 것도 어떻게 보면 무리도 아니다.

위에서도 살펴보았듯이 어떤 때는 전치사를 동사 뒤에 쓰기도 하고 써야 할 것 같은데도 전치사를 쓰지 않는 경우가 적지 않기 때문이다. 그렇다고 해서 몇 개인지조차 모르는 수많은 일반 동사가 있는데 그것들을 일일이 자동사로 쓰일 때와 타동사로 쓰일 때의 차이점을 아무런 느낌 없이 기계적으로 암기한다는 것은 불가능할 뿐더러 실제로 회화나 작문에 적용하기 힘든 헛수고요, 영어와 오히려 벽을 더 쌓는 짓일 수도 있다. 중요한 것은 앞서서도 여러 번 밝혔듯이 자동사니 타동사니 하며 구분 짓는 것보다는 이들을 느끼고 이해하고자 하는 데 공부의 초점을 맞추는 것이다. 내가 문장을 만들고 말을 해야겠다는 적극적인 자세로 자주 문장이나 말을 대하고 느끼고자 노력한다면 자동사와 타동사라는 벽도, 영어라는 벽도 조금씩 허물어지며 내 감각 안에 녹아늘 것이다.

She was a bimbo.

'그 여자 겉은 멀쩡한데 머리는 텅 빈 여자였어.' 좀 더 의역하자면 '그 여자 생긴 건 쭉쭉빵빵에 다 미인인데 머리에 든 거 없는 깡통(can)이었어.' 정도가 될 것이다. 이런 해석을 가능하게 해 주는 것은 물론 bimbo이다. bimbo는 많이 쓰는 속어로 매력적이긴 하지만 머리가 텅 비거나 행실이 영 아닌, 헤픈 여자를 말한다. 근육질에 매력적이고 잘생긴 외모를 지녔지만 머리가 텅 빈 남자들은 beefsteak라고 많이 한다. bimbo나 beefsteak가 되지 말자. 잘난 외모로 인해 오히려 비참한 인생이 되기 쉽다. 나는 그런 사람들을 많이도 보아 왔다.

Are you mad at me?

'너 나한테 미쳤니?' 정도의 의미이다. 나한테 미칠 정도로 화났느냐는 의미로 화가 단단히 난 경우에 잘 쓰인다. 'Are you angry with me?' 보다 느낌상 화난 정도가 더 심하게 느껴진다.

She was addicted to Italian food.

addict는 약물이나 알코올에 중독된 경우나 중독될 만큼 너무 좋아하는 경우 쓰이는 표현이다. 우리말로는 '중독되다' 나 '~에 빠지다' 정도로 해석된다. 해석은 '그녀는 이탈리아 음식에 푹 빠졌어.'

I had some strange food the other day. It really didn't agree with me.

agree는 '동의하다' '의견이 일치하다' 라는 기본 의미만 잘 파악하면 쉽게 응용해 회화에서 사용할 수 있는 표현이다. 그 의미를 조금만 생각해 보면 '마음이 맞다' '화합하다' 는 의미로도 얼마든지 쓸 수 있다는 것을 느낄 수 있을 것이다. 위 문장은 '나 얼마 전에 생소한(strange) 음식을 먹었는데 정말 나에게는 안 맞더라.' 정도.

Heartbreaking English

한편 the other day는 지나간 날들 중에서 확실한 날짜를 정해 놓지 않은, '며칠 전' '일전에' 정도의 의미를 지닌다.

 I broke up with her. She was too finicky.

'나 그 여자랑 깨졌어. 그 여자 너무 까다로워서.' 정도로 번역할 수 있다. 재미있는 점은 영어에서도 누구와 사귀다가 헤어졌다는 표현을 우리와 비슷하게 깨졌다는 표현을 쓴다는 것이다. 여기서 왜 up과 with라는 전치사가 연속해서 두 개나 나왔느냐는 의문이 들 수도 있을 것이다. 여기서 쓰인 up은 부사라고 봐 주면 된다. 깨졌는데 아예 위로 파악!(up↑) 깨졌다고 생각하면 될 것이다. 접시가 깨질 때 튕겨 올라오는 접시 조각들을 생각하면 쉬울 것이다. 또한 헤어질 때는 의기소침해 헤어지는 경우보다는 열 받아 피가 위로 올라와(up↑) 헤어지게 되는 경우가 많다. 이 up이 부사든 전치사든 그것은 중요하지 않다. 역시나 감각을 몸에 붙이면 자연스럽게 이해하고 쓸 수 있는 것이다.

 I'm in water.

직역하자면 '나는 물 안에 있다.' 가 된다. 뜻은 '오줌 마렵다.' 는 표현이다. 재미있는 발상이라 생각한다. 한편, '오줌 누러 간다.' 는 말은 chapter 5에서 공부한 to를 이용해 쓰기도 한다. 주어 동사 다 생략해 버리고 'To pee.' 라고 많이 쓰는데 pee는 piss의 머리글자 pi에서 따온 유아어(어린아이 말)이자 속어라고 한다. 원음原音인 piss는 '오줌 누다' 는 표현 이외에 속어로 엄청 열 받은 경우에도 많이 쓰는 표현이다. 표현 하나를 만들어 보자면,

I was pissed off when she slapped me.
그녀가 내 귀싸대기를 때렸을 때 나는 엄청 열 받았다.

특히 미국 친구들이 이 표현을 많이 사용하는 것을 봤는데 원래 '오줌 누다' 에서 온 속어인 만큼 점잖은 표현은 물론 아니다. 참고로 영국에서는 이와는 좀 다른 상황에서 다른 의미로 사용한다고 한다.

저자후기

Dreams will kill me.
But without dreams, I'd rather die anyway.
I don't have any regrets for them.

꿈이 나를 죽일 수도 있을 것이다.
하지만 꿈이 없다면 나는 차라리 죽음을 택할 것이다.
그것에 대한 후회는 아무것도 없다.

이같은 각오로 나는 이 책을 썼다. 내 가난한 삶에 남아 있는 꿈을 위하여. 꿈이 없다면 살아 무엇하겠는가?

나는 이 책을 쓰기 위해 내 인생의 첫 직장이었던 영어학원 강사로 다시 돌아왔다. 그리고 가능한 글 쓸 여유가 많은 초등부를 택했다. 아이들을 가르치면서 나 또한 많은 것들을 배울 수 있었다. 그중에 내 주장과 생각이 맞다는 것을 입증하는 아이들을 만날 기회도 있었다. 무엇보다도 내가 이 책의 일부 내용들을 가르칠 때 아이들이 보여준 열렬한 호응이 내게 큰 힘이 되었다.

내가 각각 한 달여 정도 가르친 애들 중에 초등학교 5학년 여자 아이와

3학년 사내아이가 있었다. 5학년 아이는 영어를 꽤 잘해 적어도 중학교 1학년 수준 정도는 되어 보였고 3학년 아이는 초등부에서 가장 잘한다는 6학년 반에서 같이 수업을 받아도 전혀 뒤지지 않았다. 5학년 여자 아이는 중국에서 비싼 수업료를 내는 외국인 학교에서 6개월 정도 다니다 방학을 맞아 한국에 온 아이였고 사내아이는 미국에서 1년 동안 살다 온 아이였다. 이 애들은 발음이며 회화 감각은 말할 것도 없고 문법 등 영어 전반에 걸쳐 또래 아이들과 비교할 수 없을 정도로 월등하였다. 그렇다고 이 아이들이 우리나라식 영어 교육을 받았는가 하면 절대 그렇지 않았다. 이 아이들은 1형식이니 2형식이니 하는 구분은 물론 형용사, 부사란 것도 제대로 몰랐지만 내가 설명하면 쉽게 이해하고 바로바로 적용해서 문장을 만들고 응용해서 말을 했다. 이들은 내 생각이 옳다는 것을 증명해 주는 증거 자체였다.

내가 이 책에서 내내 이야기하고자 했던 바도 바로 이 점이다. 물론 영어 공부를 많이 하신 영어 학자님들이야 학문의 체계화를 위해 그리 세분화한 것은 어쩌면 당연한 일일 것이다. 하지만 영어에 대한 흥미를 가질 새도 없이 초중학생들에게 지시형용사다, 현재 완료다, to부정사의 부사적 용법이다, 형용사적 용법이다, 몇 형식 문장이다 해서 외우기만 강요하는 것이 우리나라 영어 교육의 현주소라는 것이 개탄스럽기만 하다.

특히나 어린 학생들에게는 형식과 문법이라는 딱딱하기만 한 껍질을 가능한 부수고 그 안에 든 달고 부드러운 속살 영어를 가르쳐야 하지 않을까? 우리가 신경 쓰고 힘써야 할 부분은 바로 이 점이 아닐까?

이 책은 필요 없는 문법 군더더기는 버리고 꽤나 공격적인 방법으로 영어의 본질에 접근하고자 노력하였다. 궁극적으로는 회화에 유용하게 써먹을 수 있는 책으로 만들고 싶었다. 무조건적인 암기가 아닌, 같이 분석해 보면서 스스로 생각하고 즐기며 공부할 수 있도록 하자는 의도에서 가능한 독자들과 같은 눈높이와 호흡에서 출발하여 조금씩 생각의 깊이를 더해 가고자 노력했다.

정해진 틀 안에서 교육을 받은 기성세대들은 아직도 무조건 외우기만 하던 옛날 그 방식 그대로를 추종하고 있다. 이제부터라도 영어라는 자유의 바다를 이것저것으로 얽매고, 여기저기 틀어막고 사방팔방 다 막아 썩은 저수지로 만들지 말았으면 하는 바람이다.

다시 말하지만 나는 자유롭고 싶기에 영어를 공부했다.

이 글을 쓰는 동안 내 편이 되어 어려울 때마다 그 작은 가슴과 여린 몸으로 오히려 나를 따스하게 안아 주었던 고마운 내 학생들에게 사랑한다 말하고 싶다.